도둑맞은 거짓말

김세온 지음

©김세온 2023

초판인쇄 : 2023년 10월 6일
초판발행 : 2023년 10월 17일

지 은 이 : 김세온
편   집 : 천강원, 임지나, 김도운, 김동주, 윤혜인
디 자 인 : 이종건, 신다님, 최은정

펴 낸 이 : 황남용
펴 낸 곳 : ㈜재담미디어
출판등록 : 제2014-000179호
주   소 : 04035 서울특별시 마포구 월드컵로 8길, 48
전자우편 : books@jaedam.com
홈페이지 : www.jaedam.com

인쇄·제본 : ㈜코리아피앤피
유통·마케팅 : ㈜런닝북
전   화 : 031-943-1655~6 (구매 문의)
팩   스 : 031-943-1674 (구매 문의)
ISBN : 979-11-275-4949-7 03810

제1회
소설써봐이벌 대상 수상작

목차

마지막 여자

말소리가 떨렸다. 괜찮아. 여자는 스스로를 다독였다. 이런 상황에서는 누구나 긴장할 것이다. 여자는 남자의 질문에 즉시 대답하는 것처럼 보이려고 노력했다. 경찰을 속이는 일은 예전에도 해 봤다.

"그래서, 마지막으로 본 건 언제죠?"

여자는 질문에 거짓으로 답했다. 그날의 위화감은 불안함으로 변한 지 오래였다. 눈을 감으면 그 순간이 생생하게 떠올랐다. 손 모양대로 푹 파이던 촉감, 힘껏 밀치자 구겨지듯 쓰러지던 형체⋯⋯. 더러운 것을 떨쳐 내듯 본능적으로 한 행동이었다. 아버지는 늘 말하곤 했다. 너는 덮어 두고 도망가는 것이 탈이라고. 문제란 감춰 둘수록 썩기 쉽다고.

지금 되돌리기에는 너무 늦었다.

여자는 최악의 상황을 상상했다. 목구멍이 꽉 조여들었다. 비명이 터질 것 같았다. 무엇이든 대신 소리를 질러 주었으면 좋겠다. 여자는 발치에 있던 작은 고양이를 들어올려 힘껏 껴안았다. 나지막한 소리가 들렸다. 부드럽고 따스한 고양이가 품을 벗어나는 것과 동시에 오른쪽 뺨이 따끔했다.

자리에서 일어나던 남자가 여자의 얼굴을 쳐다봤다.

"고양이가 보기보다 사납네요."

남자가 자신의 얼굴을 가리키며 또다시 말했다.

"거기, 피 나요."

무심결에 남자를 따라 뺨에 손을 올렸다. 손가락에 거무축축한 피가 묻었다. 남자가 나간 현관문을 통해 무겁고 축축한 바깥 공기가 밀려들었다. 장마가 한창이다.

유진은 식은땀을 흘리며 눈을 떴다. 밤새 시달린 악몽에 등허리가 서늘했다. 가득찬 빨래 바구니에 땀으로 젖은 파자마를 넣고선 뜨거운 물줄기를 맞으며 머릿속을 정리했다. 주말 내내 내버려 둔 집안은 엉망이었다. 특히 커다란 얼룩이 생긴 카펫은 어디에 세탁을 맡겨야 하는지조차 암담했다.

'엄마 말처럼 흰 카펫은 사는 게 아니었는데.'

"문제를 해결하는 건 생각이 아니라 행동이다." 아빠인 문호가 자주 하던 말이었다. 유진은 머리를 흔들어 주말에 일어난 일을 머릿속에서 지웠다. 회의 준비가 지금의 할일이었다. 월요일 아침은 다른 날보다 서둘러야 했다.

유진은 삼 년 전, 국가 공무원 칠급 공개경쟁 채용 세무직 시험에 합격했다. 스물여덟 살에 취업한 까닭은 호주에서의 유학이 계획보다 길어졌기 때문이었다. 그 소식을 들은 사람들은 공부한 시간이 아깝다며 수군댔다. 고작 공무원 하려고 유학까지 다녀왔냐는 둥 앞에서 대놓고 비꼬는 사람도 있었다.

첫 근무지는 송파 세무서였고 서울 지방 국세청으로 발령

된 해는 작년이었다. 이 년 만에 본청으로의 전입을 두고 동기 한 명은 금수저가 좋긴 좋다며 비아냥거렸다. 유진은 남과 싸우는 편보다 무시하는 편이 낫다는 것을 경험으로 알았기에 아무 말도 하지 않았다.

문호는 업계에서 손에 꼽히는 법률 사무소를 운영했다. 재미 교포 2세인 엄마는 한국 이름 '최미숙' 대신 '애나'라는 이름을 고집했다. 애나의 부모님은 캘리포니아주에서 한인 슈퍼마켓을 운영했고 애나는 미국 사우스웨스트 항공사 승무원이었다. 애나는 퍼스트 클래스에서 문호를 만나고 난 뒤 일을 그만두었다.

문호가 제공하는 안락한 환경과 애나의 과도한 보살핌 아래에서 유진은 초식 동물처럼 순하게 자랐다. 유진에게 공무원 생활은 잘 맞는 일이었다. 무엇보다 공무원이란 직업, 특히 국세청에서 일하는 직업은 부모님이 원했던 일이었다.

"돈이 뭐가 중요하니? 안정적이지, 아빠 일도 도와 드릴 수 있지, 뭣보다 남들 보기도 좋고 말이야. 공무원 월급 적다고 걱정하지 말아라. 너희 아빠가 취직했다고 생활비를 안 주시겠니?"

유진은 돈 문제로 고민해 본 적은 없지만, 자신이 금수저라고도 생각하지 않았다. 잘사는 친구들은 부모님 회사에 임원으로 들어가거나 물려받은 재산으로 사업을 시작했다. 반면 자신은 공정한 시험을 거쳐 일자리를 얻었다. 하지만 지금 사는 오피스텔은 문호가 산 것이었다.

사 년 전, 호주에서 돌아온 뒤 유진은 가장 먼저 집을 구했다. 귀국하자마자 독립하고 싶다는 말에 애나는 내심 서운한 눈치였지만, 이내 수긍했다.

"그래. 결혼하면 네 가족 이루고 살 텐데 젊을 때 잠깐 혼자 살아 보는 것도 괜찮지. 제 살림도 좀 해 봐야 나중에 도움도 되고."

"그러니까요. 호주에서도 기숙사에서만 살아서 그런지 한 번쯤 혼자 살고 싶어."

애나는 집과 가까운 압구정동에서 살기를 원했고 유진은 용산의 오피스텔을 고집했다.

"공무원 합격하면 어디로 발령받을지 모르는데 용산은 교통이 좋잖아요."

"동네는 괜찮다만 건물이 너무 오래된 거 아니니? 급한 것도 아닌데 신축 나올 때까지 좀 기다리지 않고."

"엄마, 집 알아보는 것도 시간 아까워. 시험 준비해야지. 아파트 들어가려면 가전도 다 새로 사야 하고. 여긴 빌트인이니까 몸만 들어가면 되잖아요."

유진이 마음에 들어 하는 눈치를 보이자 공인중개사 여자가 추임새를 얹었다.

"아유, 사모님. 요즘 새로 지은 오피스텔은 이렇게 크게 빠진 데 없어요. 보기에만 멀끔하지 짐 넣고 나면 아주 정신 사나와. 여긴 평수만 큰 게 아니라, 보세요, 한강 뷰도 기가 막혀요. 이 전망의 매물 잘 안 나와요. 아가씨 혼자 살기엔 좀 큰 것 같아도 곧 결혼하고 그럴 텐데 신혼부부 살기도 아주 그만이죠. 물론 그때 가서 매물로 내놔도 금방 나가고."

그때의 계절은 겨울이었다. 초저녁임에도 통유리창을 통해 보이는 하늘은 캄캄했다. 여자가 창밖을 보라며 유진의 팔을 잡아끌었다. 반딧불처럼 떠오른 도심의 불빛이 검은 수면에 비쳐 일렁였다. 술에 취한 것처럼 몽롱하고 부드러운 풍경이었다.

문호는 위치와 평수가 좋아 투지 가치가 높다는 말을 하며 집을 보지도 않고 오피스텔 매입을 결정했다. 그 말대로 팔억 오천만 원이었던 삼십사 평형 오피스텔은 유진이 사는 동안 십억 원대로 뛰었다. 공무원으로 일하며 받은 월급을 고스란히 모았다고 해도 오른 집값을 따라잡기에는 불가능했을 것이다.

유진은 왼쪽 손목에 애플워치를 차며 한강대교를 내려다보았다. 주말부터 이어진 장마로 평소보다 정체가 심했다. 도로를 꽉 메운 차들이 꾸물대며 아주 조금씩 전진했다. 잠시 후면 자신도 도로 위에 있을 것이다. 아침의 풍경은 모든 것이 날카롭고 신경질적이다. 마치 지독한 숙취로 깬 다음날처럼.

오피스텔은 유진의 명의로 되어 있었지만, 상속세나 증여세를 낸 적은 없었다. 매입부터 증여까지 모두 문호가 알아서 처리했다. 그 과정에서 탈세에 가깝게, 아니 탈세라고 해도 할말이 없을 만큼 교묘하게 세금을 줄였다는 건 국세청에서 일하고 나서야 알게 된 사실이었다.

연이은 야근으로 살이 약간 빠졌는지 애○워치의 실리콘밴드가 헐거웠다. 유진은 밴드를 한 칸 더 앞으로 당겨 손목을 조일 듯이 채웠다. 안쪽의 흉터를 가릴 수 있도록. 누구나 비밀은 있다. 진실과 거짓, 둘 중 하나만 있는 삶은 아침이나 밤만 있는 풍경처럼 기형적이니까. 현관문을 나서며 돌아본 거실은 어지럽고 황량했다. 고요한 적막이 파도처럼 밀려오는 것을 느끼며 유진은 조용히 문을 닫았다.

유진이 근무하는 조사2국은 이른 아침부터 분주했다. 고액·상습 체납자 집중 단속 기간이라 할일이 많았다. 유진이 자리에 앉자 옆자리 혜주가 고개를 들었다. 유진의 선배인 혜주는 처음 본 순간부터 살갑게 말을 붙였다. 들고 다니는 가방은 얼마인지, 지금 사는 집은 어디인지, 남자 친구는 있는지, 주로 친근함과 무례함의 경계에 있는 질문들이었다. 때로 유진은 혜주가 참을 수 없이 짜증스러웠다.

"유진 씨, 왔어?"

"일찍 오셨네요. 주말 잘 쉬셨어요?"

"쉬긴 뭘 쉬어. 애랑 놀아 주랴, 밀린 청소하랴, 주말보다 출근하는 게 더 편할 정도야. 근데 자기는 남자 친구랑 어디 멀리 여행이라도 다녀왔어? 얼굴이 반쪽이네. 박 세무사 말로는 그쪽 부모님이 올해 안에 결혼시키고 싶다고 하시던데, 진도 너무 빠른 거 아니야?"

조용한 사무실에 혜주의 목소리가 크게 울렸다. 몇 달 전, 혜주는 완벽한 남자가 있다며 유진에게 소개팅을 주선했다. 유진은 완곡한 말로 거절했지만, 혜주는 쉽게 포기하지 않았다. 유진을 소개해 주는 대가로 가방이라도 하나 받기로 한 모양인지 집요했다. 유진과 준영이 사귄다는 소식을 들은 이후로 혜주는 유진을 볼 때마다 흐뭇한 표정으로 알은체했다.

"강 조사관, 결혼할 남자 있어? 그게 누군데?"

맞은편 팀장이 고개를 빼며 물었다. 혜주는 더욱 신이 난 목소리로 떠들었다.

"제 동기 중에 로펌으로 스카우트된 애가 있거든요. 걔 클라이언트 중에 의료 기기 납품 업체 대표님이 어디 괜찮은 아가씨 없냐고 물어보시더래요. 아들이 결혼할 나이가 됐는데 철이 없어서 걱정이라고, 아주 늘씬한 미인만 좋아한다나? 제가 그 말 듣자마자 키도 크고 미인인 우리 유진 씨가

16

딱 떠올랐죠! JS메디컬이라는 회사인데, 일반인이 잘 모르는 분야라서 그렇지 업계에선 아주 알아주는 알짜랍니다. 유진 씨, 결혼하면 나한테 진짜 크게 한턱내야 돼!"

혜주는 눈웃음을 치며 슬쩍 팔꿈치로 찔렀다. 유진은 혜주의 입을 틀어막고 싶은 걸 참았다. 분노와 슬픔, 짜증이 복잡하게 뒤섞인 감정이 목구멍까지 솟구쳤다. 유진의 굳어진 표정을 본 혜주는 모니터로 눈을 돌렸다.

준영과의 소개팅은 혜주의 말 한마디로 성사된 게 아니었다. 혜주는 모르고 있었지만 JS메디컬의 연간 매출, 신용 평가, 세무 조사까지 마친 후 결정된 만남이었다. 물론 문호가 나서서 한 일이었다. 재벌은 아니라도 부자 소리는 충분히 들을 만한 집이지만, 그런 집안 아들치고는 학력이나 직업이 상당히 처진다는 생각도 했다. 준영의 나이는 유진보다 여섯 살 많은 서른일곱이었다.

읽어야 할 자료가 많았기에 곧바로 준영에 관한 생각을 지웠다. 일에 집중하던 차에 누군가 유진의 책상을 두드렸다. 투박한 손가락을 따라 고개를 들자 검은색 반소매 피케 셔츠를 입은 남자가 소리도 없이 다가와 있었다. 검은색 반소매 피케 셔츠를 입은 남자가 서 있었다. 키는 크지 않았지만, 다부진 체격에서 어딘가 위압적인 분위기를 풍겼다.

"강유진 씨 되시죠? 서울 중부 경찰서에서 나왔습니다."

"네? 무슨 일이시죠?"

"허준영 씨 알죠? 오늘 아침까지 연락이 안 된다고 가족 분이 실종 신고하셨습니다. 마지막으로 만난 사람이 여자 친구 같다는데, 강유진 씨 맞습니까?"

사무실이 물에 잠긴 것처럼 고요해졌다. 남자 어깨 뒤로 보이는 창문에서 장대비가 쏟아졌다. 숨이 제대로 쉬어지지 않았다. 유진은 공기를 들이마시려고 노력했다. 떨림이 조금씩 잦아들었다. 유진은 애써 침착한 미소를 지었다.

"회의실에서 이야기해도 될까요?"

유진은 회의실로 걸어가며 빠르게 자신의 옷차림을 훑었다. 부드러운 하늘색 실크 블라우스부터 한 줄로 반듯하게 다려진 남색 정장 바지, 그리고 모래색 스웨이드 로퍼까지 매끄럽고 깨끗했다. 애나는 늘 차림새를 보면 어떤 사람인지 안다며 자리에서 일어났을 때 바지 무릎이 튀어나오거나 뒷모습에서 구두 뒤축이 벗겨진 것을 보면 질색했다.

"자기가 어떤 꼴을 하고 있는지도 모르는 사람의 행동을 어떻게 믿니? 뻔하지. 야무지게 마무리 못 하고 어디든 헤벌레하고 다니겠지. 무슨 일이든 다 입고 다니는 것부터 시작하는 법이야. 너, 의식주 중에 의가 왜 가장 앞에 있는 줄 아니? 그게 제일 중요해서야. 그러니 너도 어디서 착실하게 보이려면 옷부터 똑바로 입어.”

　회의실 문을 열자 주말 동안 고여 있던 습한 공기가 훅 끼쳐 왔다. 유진은 서둘러 에어컨을 켰다. 회의실에는 가깝게 마주보고 앉을 수 있는 자리가 없다. 디근자 나무 테이블이 벽면을 따라 하나로 배열되어 있었다. 남자는 머뭇거리지 않고 한 자리를 골라 털썩 앉았다. 의장석이었다. 잠시 고민하던 유진은 남자의 왼편에 앉았다. 오른쪽으로 반쯤 몸을 틀어 앉은 자세가 불편했다.

　낯선 남자, 특히 경찰과 단둘이 대화하기에 회의실은 너무 크고 황량했다. 유진은 공연히 고개를 숙여 바지에 붙지도 않은 먼지를 털었다. 창백한 불빛 아래에서 보니 왼쪽 로퍼에 희미한 얼룩이 있었다. 유진은 슬쩍 팔을 뻗어 손가락으로 얼룩을 문질렀다. 지우려고 할수록 부드러운 스웨이드 가죽에 선명한 손때가 번졌다. 목덜미에 땀이 배어 나왔다. 남자는 ‘박상철 수사관’이라고 새겨진 명함을 건넸다. 등을 기대고 앉은 자세가 느긋했다.

　“그러니까 금요일 밤에 강유진 씨 본인 집에서 만난 게 마지막이라는 말씀이죠? 헤어진 시간은 아홉 시 좀 넘었고?”

　상철의 태도는 처음부터 불퉁했다. 억지로 찾아온 티가 확연했다. 성인 남자가 하루이틀 연락이 안 된다고 경찰이 찾아 나서지는 않는다. 준영이 JS메디컬 대표의 아들이 아니었다면 이곳에 찾아오기는커녕 유진에게 전화 한 통도 안 했을 것이다.

"네. 맞아요."

"그런데 허준영 씨랑 애인 사이라면서 금요일에 헤어진 이후로 통화도 카○도 안 했어요? 주말 내내?"

"제가 누굴 사귀어 본 적이 없어서요. 연락을 어떻게 하는지 잘 모르겠기도 하고…… 그냥 바쁜가 보다 했어요. 주말에 일이 있어서 못 만난다는 말을 듣기도 했고요."

"강유진 씨 서른한 살 맞죠? 허준영 씨는 서른일곱 살이고? 그런데 연애 경험이 없어요?"

"네."

귓불이 뜨거워졌다. 이런 질문에 부끄러워할 나이는 아니었지만, 남녀 관계에 관한 이야기가 나오면 여전히 곤혹스러웠다. 유진의 붉어진 얼굴을 보고 상철은 표정을 약간 누그러뜨렸다.

"신고자가 허준영 씨 누나인데…… 두 분, 결혼할 사이라면서요? 이건 형식적으로 물어보는 거니까 기분 나쁘게 듣지 마시고. 최근에 허준영 씨와는 어땠습니까? 무슨 다툼 없었어요? 결혼 앞두고 많이들 싸우잖아요, 왜."

"전혀…… 그런 건 없었어요. 준영 씨도 워낙 사람이 젠틀

해서."

건성으로 듣던 상철은 스마트폰을 들여다보더니 크게 중얼거렸다.

"아버님이 강앤리 로펌의 강문호 대표님이시고……. 만난 지 삼 개월? 결혼을 되게 빨리 결정하시네? 돈이 많아서 그런가?"

노골적으로 비꼬는 말에 유진은 못 들은 척 시선을 피했다.

"그래요. 나가 봐요. 저기 누구냐, 그 허준영 소개해 준 사람도 여기 있다면서요? 장혜주? 그분도 좀 불러 주시고."

유진은 고개를 가볍게 숙이고 자리에서 일어섰다. 나가려는 유진에게 상철이 던지듯 말했다.

"근데, 진짜 몰라요? 허준영 어디 있는지?"

유진은 손잡이를 잡은 채 고개만 돌려 대꾸했다.

"저도 준영 씨가 어디 있는지 정말 알고 싶네요."

적어도 그건 진실이었다.

혜주가 상철에게 조사받는 동안 유진은 초조하게 머리를 손으로 넘겼다. 꾸준히 받는 헤어 클리닉 덕에 머리카락은 손가락 사이를 매끄럽게 빠져나갔다. 문제를 해결하려면 행동해야 한다. 그것도 지금 당장. 유진은 모니터에서 연가 신청서를 찾아 클릭했다.

국세청 건물 밖으로 나와서야 유진은 우산을 사무실에 두고 왔다는 걸 알았다. 오늘 일어난 일은 모두 평소의 자신답지 않았다. 먼지가 묻은 신발도, 갑자기 낸 휴가도, 우산을 깜박한 것도. 유진은 잠시 주저하다 주차장을 향해 뛰었다. 모래색 로퍼가 젖어 들어 금세 짙은 갈색이 되었다.

흰색 벤○에 올라탄 유진은 가방에서 갤○시 스마트폰을 꺼내 전원을 켰다. 화면이 켜지자마자 수십 개의 알람이 요란하게 쏟아졌다. 유진은 내비게이션 앱을 열었다. 익숙한 여자 성우의 목소리가 흘러나왔다.

[길안내를 시작하겠습니다.]

길안내가 끝난 곳은 대림역 부근 주택가였다. 유진은 중국어 간판을 보고 이곳이 차이나타운이라는 것을 알았다. 차이나타운은 예상과 달리 조용하고 허름했다. 삼십 년 전부터 변하지 않은 듯한 오래된 남루함이 동네 전체에 감돌고 있었다. 낡은 오토바이와 트럭 사이에 힘겹게 주차하는 동안 세탁소 처마 밑에서 러닝셔츠를 가슴께까지 올린 중년 남성이 무심한 눈길로 유진을 바라보았다. 차에서 내린 유진은 편의점에서 비닐우산을 샀다. 어디선가 알싸한 향신료 냄새가 풍겼다.

유진이 찾는 집은 편의점 바로 맞은편에 있었다. 붉은 외벽에 검은색 인조 대리석으로 입구를 장식한 건물이었다. 대리

석 위에는 금장으로 '스타팰리스'라는 이름이 크게 붙어 있었다. 멋부린 외관에 비해 건물 내부에는 경비실도 엘리베이터도 없었다. 유진은 주변을 살피며 빠르게 우편함을 뒤졌다. 오래 걸리지 않아 405호에 꽂힌 가스 요금 고지서에서 여자의 이름을 발견했다.

황소희.

사 층을 걸어서 올라오자 숨이 가빴다. 유진은 호흡을 가다듬고 405호 초인종을 눌렀지만, 조용했다. 문을 두드리며 여자의 이름을 불렀다. 만난 적은 없지만, 메시지만으로도 여자의 하루를 짐작할 수 있었다. 메시지는 내용이 비슷했다.

[지금 일어났어. 퇴근했어?]

[일하는 중이야. 집에서 먹었지.]

[오늘 언제 와?]

[약 먹었어.]

[응, 출근 잘하고.]

[난 이제 자려고……]

희미한 인기척이 들리더니 현관문이 열렸다. 여자는 자다 깬 듯 머리가 부스스하고 눈빛이 몽롱했다. 유난히 길고 가는 목 때문인지 새처럼 연약해 보였다. 유진은 단숨에 말을 꺼냈다.

"황소희 씨 맞으시죠? 허준영 씨 여자 친구시고요."

여자는 당황한 듯 미간을 살짝 찌푸렸다. 부은 얼굴과 멍한 표정이 어린애처럼 무방비했다.

"네? 네. 맞아요. 무슨 일로……?"

"준영 씨가 지난주 금요일부터 연락이 안 되어서요. 경찰 말에 따르면……."

유진은 잠시 말을 멈추고 공기를 들이마셨다.

"실종이죠."

유진은 친절하게 말하려고 노력했다. 여자가 쉽게 이해할 수 있도록, 그리고 자신에게 호감을 느끼길 바라면서. 말이 천천히 머리에 스며들고 있는지, 여자의 연한 갈색 눈동자가 조금씩 커졌다.

"……그런데 누구시죠?"

"준영 씨 여자 친구예요."

여자의 흰 목덜미가 빨갛게 달아올랐다. 유진은 지극히 예의 바른 태도로 물었다.

"들어가도 될까요?"

국세청 조사2국 장혜주 조사관의 증언

"JS메디컬 대표님이 경찰에도 인맥이 있으신가 보죠? 젊은 총각이 고작 사흘 연락 안 된다고 여자 친구 회사까지 찾아오고? 역시 있는 분들은 다르네요. 우리 남편도 신혼 초에 부부 싸움하고 안 들어오길래 실종 신고했는데 닷새가 넘도록 접수만 해 놓고 조사고 뭐고 암것도 안 하시더라고. 성인은 실종이 아니라 가출이라서 할 수 있는 게 없다나? 그렇다고 경찰이 민원인 차별한다는 얘기는 아니고요. 저도 공무원인데 공무원끼리 다 이해하죠. 우리가 쉽게 이직할 수 있는 것도 아니고. 암튼 왜 유진 씨를 소개해 줬는지 궁금하다는 거죠? 유진 씨도 집안이 좋으니까. 그 집 총각이랑 조건이 잘 맞잖아요. 집안을 어떻게 아느냐고요? 유학까지 다녀왔다는데 공무원 하는 거 보면 알죠. 하고 다니는 건 다 명품이고 차도 벤○잖아요. 돈 있는 티가 줄줄 나는데 뭘. 근데 유진 씨가 여고 나와서 그런지 숫기가 없더라고요. 같이 일한 지 일 년이 넘는데 남자 친구 소릴 한 번도 못 들어 봤다니까? 내 생각에 모솔인 거 같애. 이런 사람들은 주변에서 옆구리 찔러 주지 않으면 평생 연애 못 한다니까요. 집안 좋고 직업 좋고 외모도 좋고, 또 여자 모솔인 게 장점이라면 장점이지 흠은 아니죠. 근데 유진 씨랑 그 남자가 집 나간 거랑 무슨 상관이 있어요?"

소희는 어깨를 주물렀다. 매일 열 시간 이상 앉아 그림을 그리는 탓에 항상 어깨 근육이 뭉치고 아팠다. 벌써 새벽 네 시가 넘어가고 있었다. 〈뷰티풀 라이프〉의 기사 일러스트 마감 시간은 아침 아홉 시다. 서둘러야 했다. 소희는 태블릿 액정 위에 펜을 놀렸다. 실력은 평범하지만, 손이 빠른 게 장점이었다. 프리랜서에게는 퀄리티보다 속도가 중요했다.

회사를 그만둔 까닭은 돈을 더 벌기 위해서였다. 졸업한 전문대 시각디자인과 교수의 추천으로 취직한 첫 번째 회사는 입사한 지 이 년 만에 폐업했다. 소희는 마지막 세 달 치 월급을 받지 못했다. 사장은 법인이 죽었으니 체불 임금을 지불할 이유가 없다며 되려 큰소리쳤다. 소희가 낮에는 편의점, 밤에는 호프집에서 알바를 하며 밀린 카드값을 메꾸는 사이, 사장은 투자를 받아 다른 사업을 시작했다.

그다음으로 취직한 곳은 충무로에 있는 작은 디자인 회사였다. 그곳에서 소희는 육 년 동안 학습지 삽화를 그리고 홍보 브로슈어를 디자인했다. 월급은 적었지만, 제날짜에 들어왔고 조금씩 연봉도 올랐다. 소희는 오래도록 다닐 계획이었다. 기획팀 신입이 자신보다 더 많은 월급을 받는다는 사실을 알기 전까지는 그랬다.

"원래 포○샵보다 워드 만지는 애들 페이가 더 높아. 자기는 그런 것도 몰라?"

흡연실에서 마주친 디자인 팀장은 소희의 담배에 불을 붙여 주며 당연하다는 듯 말했다. 소희는 억울해서 눈물이 날 것 같았다. 그만큼 돈이 절실하게 필요했다. 빨리 더 많은 돈을 벌어 엄마인 선영과 여동생 지희를 책임져야 했다. 지희는 고등학교를 졸업하고 취직했지만, 경제 사정에는 별 도움이 되지 않았다. 지희는 소희보다 적게 벌었고 씀씀이는 훨씬 컸다. 한 번도 일해 본 적 없는 선영 역시 노후 준비가 전혀 되어 있지 않았다.

출판 시장은 갈수록 나빠졌다. 소희처럼 삽화 캐릭터를 그리거나 그래픽 디자인을 하는 일러스트레이터를 찾는 곳은 점점 줄어들었다. 최근 일러스트 업계에서 각광받는 분야는 웹소설 표지였다. 인기 있는 작가는 이 년 치 스케줄이 미리 차기도 했다. 새로운 툴이나 화풍을 익힐 시간과 비용이 없던 소희는 더 빠르게, 더 많이 그리는 방법을 선택했다.

프리랜서로 일하면서 나쁜 일만 있던 것은 아니었다. 아마 평범한 직장인이었다면 소희가 준영을 만나는 일은 결코 일어나지 않았을 것이다. 대학종합병원에서 일하는 의사이자 남자 친구인 준영은 소희가 가진 것 중 가장 빛나는 타이틀이었다.

"하이엔드 럭셔리 라이프를 추구하는 독자의 고급 취향을 충족시키는 매거진." 〈뷰티풀 라이프〉의 홈페이지에 적힌 소개글이다. 소희는 〈뷰티풀 라이프〉를 통해 최신 트렌드와 새로운 문물을 익혔다. 제○시스 신형 차문을 여는 법, 프랑스 코스 요리에서 사용하는 커트러리 순서, 와인 라벨은 에티켓이라고 한다는 것……. 특히 관심 있게 보는 것은 명품에 관한 기사였다.

'세상에, 천만 원짜리 가방을 사려고 줄을 서야 한다니.'

소희는 어이가 없으면서도 그것을 성공의 지표로 마음속 깊이 새겼다.

〈뷰티풀 라이프〉 잡지뿐만 아니라 그 잡지의 피처 에디터 서연도 소희에게 새로운 것을 알려 주었다. 소희에게 서연은 친구였지만, 언니 같은 존재이기도 했다. 몇 번의 마감을 치르며 서로 동갑인 소희와 서연은 금세 친해졌다. 소희는 피처가 무슨 뜻인지, 에디터와 기자의 차이는 무엇인지 궁금했지만 물어보지 않았다. 늘 모르는 것이 너무 많아 부끄러웠다.

서연은 레스토랑 리뉴얼, 뮤지컬 오프닝 행사가 있을 때면 소희를 초대했다. 소희가 스마트폰을 꺼내 사진이라도 찍으려 들면 서연은 농담처럼 말렸다.

"블로거처럼 왜 이래. 기자는 그런 거 안 찍어."

서연의 무심하고 시니컬한 태도는 소희에게 많은 영향을 미쳤다. 요란하게 차려입고 카메라를 들이대며 떠드는 인플루언서와 달리 서연에게는 품위가 있었다. 서연은 말할 때도 꼭 좀더 있어 보이는 단어를 사용했다. 쉬는 시간 대신 인터미션, 나이프나 포크 대신 커트러리라고 하는 식이었다.

"초연이라 그런지 너무 후지네. 인터미션 때 나가서 와인이나 마시자. 그때 갔던 내추럴 와인바는 말고. 지난 주에 갔더니 부쇼네 내놓고 아니라고 우기더라. 그런 데는 확 망해야 하는데. 기사에 쓰려다 참았다니까."

소희를 호텔에 처음 데려간 사람도 서연이었다. 호텔에서 열리는 와인 파티라는 말에 소희가 난처한 표정을 짓자 서연은 깔깔대며 웃었다.

"파티라는 게 별거 아냐! 와인 무제한 뷔페랑 비슷해. 나도 그날 마감 치다 갈 거야."

서연은 대수롭지 않게 말했지만, 소희는 마지막 순간까지 수십 벌의 옷을 갈아입었다. 결정한 것은 종아리까지 오는 검은색 새틴 스커트와 어깨를 드러내는 흰색 블라우스였다. 자라에서 세일할 때 산 후 처음 입는 옷이었다. 이날을 위해 검은색 에나멜 하이힐도 새로 샀다. 거울에 비친 자신의 모습이 낯설면서도 마음에 들었다.

서연과 함께 택시를 타고 도착한 곳은 소희도 아는 유명 호텔이었다. 거대한 로비에서는 질 좋은 가죽과 오래된 나무, 머스크 향이 섞인 향기가 났다. 소희는 부티를 향으로 만든다면 이런 냄새일 것이라고 생각했다. 자신이 사는 빌라 건물보다 높은 천장에서는 은하수처럼 자잘하게 흩뿌려진 조명이 은은한 빛을 내뿜고 있었다.

가장 놀라운 것은 촉감이었다. 피부에 닿는 모든 것이 매끄럽고 폭신했다. 하이힐을 신었는데도 발가락과 발바닥이 전혀 아프지 않았다. 소희가 사는 동네는 경사가 심하고 곳곳에 보도블록이 뒤집혀 지하철역까지만 걸어도 물집이 잡히고 구두굽이 까졌다. 여기서는 하이힐을 신고 종일 왈츠도 출 수 있을 것 같았다.

공중에 붕 뜬 것처럼 설레는 기분은 금세 거품처럼 사그라들었다. 파티장에는 서연을 아는 이들이 많았다. 처음에는 소희를 소개하던 서연도 이내 다른 테이블에 자리를 잡고 대화에 열을 올렸다. 소희의 존재는 순식간에 잊은 것처럼 보였다.

〈뷰티풀 라이프〉 테이블에 앉았던 사람들도 다른 테이블을 찾아 하나둘 자리를 떴다. 여기서 아는 사람이 없는 이는 소희뿐이었다. 호텔 직원의 유니폼과 자신의 옷이 비슷하다는 것을 깨닫자 마음이 더욱 가라앉았다. 소희는 커다란 창밖을 바라보았다. 아주 가까운 곳에서 남산서울타워가 반짝였다. 어두운 창문에 비친 화려한 샹들리에와 근사한 사람들 속에서 자신만 어울리지 않는 얼룩처럼 보였다.

그 순간, 창문에 비친 남자와 눈이 마주쳤다. 자신 말고 지루해하는 사람이 또 있다는 생각에 소희는 살짝 웃음이 나왔다. 남자도 소희를 따라 웃었다. 와인 잔을 천천히 굴리며 다가온 남자는 테이블에 놓인 명패를 보고 친근하게 말을 걸었다.

"기자신가 봐요. 여기, 〈뷰티풀 라이프〉."

"아……. 저는 일러스트레이터예요. 프리랜서로 일하고 있어요. 같이 온 친구가 기자인데……. 지금 저기 가서 안 돌아오네요."

소희는 어색하게 중얼거렸다. 낯선 사람과의 대화가 익숙하지 않았다. 식은땀이 날 지경이었다. 그래서 평소라면 처음 보는 남자에게 하지 않았을 질문을 했다.

"그런데 무슨 일 하세요? 기자신가요?"

아주 잠시 머뭇거리던 남자는 이내 싱긋 웃으며 대답했다.

"의사요. 카디오, 아니 심장내과예요."

처음 느껴 보는 뻐근한 긴장감이 가슴을 꽉 채웠다. 소희는 사랑에 빠진 이유가 준영의 미소 때문이라고 믿었다.

준영은 대체로 다정한 남자 친구였다. 그리고 아빠인 남훈과는 확실히 다른 남자였다. 원래도 넉넉하지 않았던 집안 경제는 남훈이 다른 여자를 만나면서 급격하게 나빠졌다. 소희는 아빠가 바람을 피우는 것보다 다른 여자에게 돈을 쓴다는 사실이 더 화가 났다. 고등학교 때부터 야자 대신 알바를 뛰었지만, 자신과 지희의 급식비와 학비를 충당하기도 버거웠다.

선영은 양육비를 주겠다는 남훈의 말에 합의 이혼했지만, 그 약속은 지켜지지 않았다. 그 모습을 보며 소희는 엄마처럼 멍청한 선택은 하지 않을 것이라고 결심했다. 준영을 볼 때마다 그 결심은 기대와 다짐으로, 그리고 더 큰 초조함으로 바뀌었다. 이 년을 사귀었지만, 준영은 결혼에 대해 아무런 약속을 하지 않았다. 내년이면 서른다섯이다. 자신처럼 가진 것 없는 여자에게 나이는 치명적이다. 그 마음이 무리한 계획을 세우고 무모한 행동을 하게 만들었다. 준영과 마지막으로 만난 날을 떠올리자 눈물이 날 것 같았다. 그날 이후 준영에게선 어떤 말도 없었다. 소희도 차마 연락할 용기가 나지 않았다.

'그런 말은 하는 게 아니었는데.'

소희는 눈을 깜박여 눈물을 삼키고 빠르게 행복한 고양이의 얼굴을 그렸다. 지금 그리는 일러스트는 반려동물 주택

기사에 넣을 것이다. 슬개골 건강을 위해 미끄러지지 않는 바닥재를 깔고 벽면에는 고양이가 놀 수 있는 구름다리가 있었다. 건물 내부에는 언제든 산책할 수 있는 옥상 정원도 있었다. 소희는 인터넷으로 들어가 서초역 옆에 있는 이 주택의 임대료를 검색해 보았다. 월세만 사백만 원에 가까웠다.

간신히 마감 시간을 맞춘 소희는 웹하드에 작업물을 업로드한 뒤 물과 함께 약을 삼켰다. 해가 뜬 뒤에는 잠자리에 누워도 쉽게 잠이 들지 못했는데 이제는 언제든 잘 수 있었다. 의사인 준영이 불면증 약을 준 덕분이었다. 창문을 때리는 거센 빗소리를 들으며 소희는 아득한 곳으로 몸이 꺼지는 듯한 익숙한 감각에 몸을 맡겼다.

소희는 초인종 소리에 억지로 눈을 떴다. 약 기운이 가시지 않아 몽롱했다. 소희는 집으로 찾아올 사람이 없다는 것을 떠올리며 다시 눈을 감았다. 또다시 잠이 들려고 하는 찰나, 자신의 이름을 부르는 소리가 들렸다.

"황소희 씨 계세요? 황소희 씨."

현관문을 열자 낯선 여자가 보였다. 매끈한 머리, 투명한 피부, 구김 없는 옷과 깨끗한 신발. 〈뷰티풀 라이프〉에서 방금 꺼낸 것처럼 새것 같은 여자. 손에 들린 싸구려 비닐우산만이 어울리지 않는 소품처럼 보였다.

"황소희 씨 맞으시죠? 허준영 씨 여자 친구시고요."

"네? 네. 맞아요. 무슨 일로……?"

불길했다. 오물을 뒤집어쓴 것처럼 불쾌하고 찝찝한 기분이 삽시간에 퍼져 나갔다.

"준영 씨가 지난주 금요일부터 연락이 안 되어서요. 경찰말에 따르면……."

여자는 잠시 숨을 골랐다. 듣고 싶지 않다. 귀를 막고 싶다. 머릿속이 시끄럽게 날뛰었다. 그 사이로 아나운서처럼 명쾌한 발음이 귀에 꽂혔다.

"실종이죠."

소희는 비명을 지르고 싶은 기분을 간신히 억눌렀다.

"……그런데 누구시죠?"

"준영 씨 여자 친구예요."

피가 머리끝까지 몰렸다. 얼굴이 뜨거워졌다. 즉각적으로 반응한 몸과 달리 머리로는 이해가 잘되지 않았다. 현실을 받아들이자 온몸의 피가 빠져나가는 것 같았다. 소희를 지켜보던 여자가 입을 뗐다. 내비게이션 음성처럼 친절하지만, 감정이 섞이지 않은 목소리였다.

"들어가도 될까요?"

장마와 함께 들이닥친 재앙 앞에서 소희는 힘없이 고개를 끄덕였다. 소희는 여자가 들어올 수 있도록 현관 구석으로 비켜섰다. 신발장에 붙은 거울에 자신의 모습이 비쳤다. 부스스한 머리, 목이 늘어난 티셔츠. 심지어 자신은 브래지어도 차고 있지 않았다. 어깨가 저절로 움츠러들었다. 여자는 택배 상자와 신발이 뒤섞인 좁은 현관에 가지런히 신발을 벗어 두고 집안으로 들어섰다. 소희는 보기 싫다고 생각하면서도 본능적으로 깔창에 새겨진 로○피아나 로고를 읽었다.

여자는 잘 만들어진 사치품 같았다. 명품관에서 흰 장갑을 끼고 조심스럽게 꺼내 보여 주는 무기물처럼 비현실적이었다.

'이 여자는 잘 때도 실크 파자마를 입겠지. 그리고 그 잠옷은 드라이클리닝을 맡길 테고.'

소희는 이 여자가 준영의 다른 여자 친구라는 사실보다 그녀의 삶 자체에 강한 질투심이 들었다. 소희가 사는 빌라는 거실 겸 부엌, 그리고 침실 하나와 화장실 하나가 딸린 십팔평형이었다. 마감 기간이라 커피잔과 치우지 않은 그릇들이 여기저기에 지저분하게 널려 있었다. 소희는 철제 테이블 위를 황급히 치웠다. 이케아에서 구매해 준영의 차로 실어 온 테이블이다. 살 때부터 수평이 맞지 않던 테이블은 이제는 눈에 띄게 흔들거렸다.

"일단 앉으세요, 커피라도……."

후들거리는 손으로 전기 포트를 켰다. 사실 카페인이 필요한 것은 자신이었다. 여전히 머리가 멍했다. 목구멍이 델 것처럼 뜨거운 커피를 한 모금 마시고 나서야 가장 중요한 질문이 떠올랐다.

"그런데 준영 씨 여자 친구라고요? 제가……. 제가 준영 씨여자 친구인데……. 저는 어떻게 알고 오셨죠?"

"그건 천천히 설명할게요. 중요한 건 준영 씨가 실종됐다는 겁니다."

"그게 저랑 무슨 상관이죠? 전 제 남자 친구가 실종된 것도몰랐어요. 심지어 당신이 누군지도 모른다고요!"

가늘게 떨리던 소희의 목소리가 점점 격해졌다. 하지만 여자의 다음 말에 소희는 얼어붙었다.

"준영 씨, 금요일 밤에 보셨죠? 마지막으로 만난 사람이 소희 씨예요."

〈뷰티풀 라이프〉 피처 에디터, 최서연의 증언

"소희요? 프리랜서긴 하지만 워낙 오래 같이 일해서 친해요. 그날은 저희 테이블에서 편하게 술이나 마시자고 데려갔어요. 소희 남자 친구는 어떻게 소개해 줬냐고요? 저도 전혀모르는 사람이에요. 따지고 보면 소희도 오랫동안 알고 지낸사이긴 한데 잘 아느냐고 물어보면 또 애매해요. 사회에서만난 친구라는 게 그렇잖아요. 친해지면 같이 술도 먹고 놀지만 깊은 사정은 잘 모르죠. 암튼 그날 와인 파티는 뭐, 오만 사람이 다 오는 자리였어요. 주최사가 의료 기기 수입 업체인데 광고주라 갔어요. 저희 잡지에서도 광고 여러 번 했거든요. 피부 관리 체험 기사로요. 저도 기사 쓰면서 시술 여러 번 받았죠. 효과 좋았냐고요? 그냥 그렇던데? 암튼 주최사가 그래서 의료 업계 종사자들이 많이 왔더라고요. 덕분에 소희가 의사 남자 친구 만났으니 좀 부럽긴 했죠. 대학병원에서 일한다는 건 들었는데 직접 본 적은 없어서 다른 건 몰라요. 안 물어봤냐고요? 친구 남자 친구에 대한 불문율 세 가지 있잖아요. 집, 키, 차. 처음 들어 보세요? 집은 잘사는지, 키는 얼마나 큰지, 차는 어떤 건지 물어보지 말라는 거. 잘나면 재수 없고, 못나면 쪽팔리니까. 꼬치꼬치 물어보면 너무 없어 보이잖아요. 안 그래요?"

"난 남자 키 정말 안 봐. 오늘도 오빠 만나러 나왔잖아."

여자가 진짜라는 듯 눈을 동그랗게 떴다. 빽빽하게 붙인 속눈썹이 깜박일 때마다 부채처럼 파닥였다. 준영은 핸들을 꽉 쥐었다. 핸들 중앙에는 노란 배경에 말 한 마리가 그려져 있었다.

'그럼 당연히 안 봐야지. 미친년이, 지 주제를 모르고.'

준영은 이를 악물고 미소를 지었다. 키에 자격지심을 느낄 나이는 진작에 지났다. 아니, 지났다고 생각했다. 하지만 지금처럼 눈치 없는 것들이 키를 들먹일 때면 밀려오는 분노를 참기 힘들었다. 그러나 준영은 늘 쿨한 태도를 유지했다. 키에 연연하는 남자는 병신으로 보인다.

남들에게는 171센티미터라고 말했지만 실제로는 168.5센티미터였다. 키에 대한 콤플렉스 때문인지 준영은 늘 키가 큰 여자에게 끌렸다. 사람들은 키 작은 남자가 키 크고 예쁜 여자를 데리고 다니면 남자의 능력을 높게 평가한다. 키 작고 늙은 남자라도 돈만 있다면 얼마든지 미인을 만날 수 있다.

그런데도 준영은 외모 관리에 공을 들였다. 일주일에 적어도 세 번은 헬스장에 갔고 한 달에 열 번 이상 피부과에 갔다. 술을 자주 마셨지만, 체지방은 항상 십팔 퍼센트 이하를 유지했다. 여자는 끊이지 않았다. 하지만 늘 무언가 목말랐다. 학창 시절에는 덩치가 커져서 또래 친구들에게 인정받고 싶었고 아버지의 바람에 따라 의사가 되고 싶었다. 둘 다 준영의 능력으로는 할 수 없는 일이었다. 운동과 영양분 섭취만으로 키를 키울 수 없는 것처럼 의지만으로는 의사가 되기 어려웠다. 준영은 남자가 인정하는 수컷이 되고 싶었다. 그래서 준영의 곁에는 늘 여자가 있었다. 남자들이 갖고 싶어 하는 여자가.

　준영은 자신이 그리 작지 않다고 생각했다. 대한민국 삼십 대 남자 평균 키는 173센티미터다. 대부분이 170센티미터 언저리란 얘기다. 그리고 자신은 그보다 아주 조금 작을 뿐이다. 이 정도는 깔창이나 키높이구두로 얼마든지 커버할 수 있다. 하지만 자신이 평균 이하인 부분이 있다는 사실을 참을 수가 없었다.

　무쌍이지만 시원한 눈, 짙은 눈썹과 풍성한 머리, 흰 피부에 도톰하고 선명한 입술 선. 여자들은 '소년미가 있는' 얼굴이라고 했다. 거기에 팔다리도 긴 편이었다. 준영은 원래 동안이었지만 삼십 대 이후부터는 호리호리한 몸과 작은 얼굴 덕에 실제 나이보다 다섯 살은 어리게 보았다.

준영은 몸매는 물론 패션에도 신경을 썼다. 튀지 않으면서 은근하게 명품을 입을 줄 알았다. 오늘은 빨간 안감이 선명한 프○다 리나일론 후드 남색 재킷에 검은색 나○키 조거팬츠를 입고 루○비통 찰리 스니커즈를 신었다. 캐주얼하면서도 비싼, 영앤리치 스타일이다. 그리고 오늘 몰고 나온 차는 국내에 아직 열 대도 풀리지 않은 슈퍼카다. 그런데 감히, 지난주에 클럽에서 만난 여자가 키 작은 남자도 '괜찮다고' 준영 앞에서 떠든 것이다.

필라테스 강사라는 여자의 나이는 스물여섯 살이었다. 그 나이치고는 별로 예쁘지도 않았다. 코는 너무 심하게 높여놔서 어딘가 촌스러웠고 상체가 길어 비율이 나빴다. 물론 이 정도만 되어도 클럽이나 헌팅포차 같은 곳에서는 남자들이 개떼처럼 붙을 것이다. 하지만 준영은 아니다. 항상 모델 같은 미인만 만났고 일주일에 한 번은 연예인급 템프로 여자들과 놀았다. 이 여자와 번호를 주고받았다니, 그날은 취해도 어지간히 취했던 모양이다. 심지어 레깅스에 운동화를 신고 온 여자는 준영보다 키도 작았다. 준영은 여자의 비위를 맞출 아주 작은 의지마저 사라졌다.

"피곤한데 저기서 쉬자."

준영은 차창 너머로 보이는 건물을 가리켰다. 어쨌든 오늘 나온 보람은 있어야 했다. '쉬자'는 말에 어이없다는 듯 입을 벌리던 여자는 준영의 손가락 끝을 보고 활짝 웃었다.

"오빠, 나 일하고 와서 배고파."

"그래, 맘대로 룸서비스 시켜."

여자의 혀 짧은 소리에 준영은 성의 없이 대꾸하며 포시즌스 호텔 주차장을 향해 핸들을 틀었다.

"오빠, 돈 많지? 많으면 뭐가 좋아?"

준영의 팔을 베고 누운 여자가 애교스럽게 물었다. 여자의 이름은 섹스를 마친 후에도 기억나지 않았다. 준영은 적당히 이름을 빼고 대꾸했다.

"글쎄…… 어떻게 보면 많고, 어떻게 보면 보통이고…… 네 생각보다 한국엔 부자가 존나 많아."

"오빠 정도면 금수저 아니야? 우리 만난 곳이 VIP룸이라며? 클럽에서 그런 데 잡으려면 돈 되게 많이 써야 한다고 하던데."

여자가 해맑은 목소리로 종알댔다.

"나 그런 거 잘 몰라. 원래 클럽 진짜 잘 안 가거든. 그날은 같이 일하는 언니가……."

준영은 하품을 참으며 고개를 돌렸다. 지루하다. 클럽에서 만난 여자들은 하나같이 클럽에 자주 오지 않는다고 말한다.

섹스도 지루한 여자였다. 남자들이 클럽에서 만난 여자에게 갖는 환상은 화끈한 하룻밤이지 정숙한 여자 친구가 아니라는 것을 왜 모르는 걸까?

"애기야, 내가 클럽에서 하룻밤에 몇천씩 쏘고 비싼 외제차 끌고 이러니까 돈 많은 거 같지? 사실 오빠 금수저가 아니야."

준영은 심각하게 목소리를 깔았다. 여자가 눈을 동그랗게 떴다.

"이재용이 돈 자랑하는 거 봤어?"

별것도 아닌 말에 여자는 깔깔대며 준영의 어깨를 쳤다. 준영은 진심이었다. 진짜 부자, 나라를 쥐락펴락하는 재벌은 오히려 소박하게 보이려고 노력한다. 싸구려 립밤도 바르고 서민들이 입는 패딩도 입는다. 그래도 다들 알아서 납작 엎드린다. 하지만 자신은 돈 자랑을 해야 한다. 그래야 콩고물 얻어먹고 싶은 인간들이 꼬리를 치고 잘빠진 미녀도 붙는다.

물론 돈 자랑에는 부작용도 따른다. 부자라는 것을 알면 그냥 돈을 달라는 사람들이 있다. 구구절절한 사연을 읊으며 요구하고 애원하고 협박했다. 준영은 가끔 진심으로 궁금했다. 정말로, 부자는 돈이 있다는 이유만으로 그냥 돈을 줄 것이라고 믿는 걸까? 친구 윤후는 가난한 사람들의 판타지라고 했다.

"거지새끼들은 부자를 만나기만 하면 돈을 받을 수 있을 거라고 생각한다니까? 지들은 오백 원짜리 길거리에 뿌리고 다니나? 천 원 한 장 적선 안 하는 것들이 우리한텐 맨날 삼십만 원, 오십만 원만 달라고 구걸하고. '선생님, 한 번만 도와주십시오.' 이 지랄. 대체 그런 새끼들은 어쩜 그렇게 하는 말도 똑같냐? 어디서 배워 오나?"

자본주의 사회에는 또 다른 판타지도 있다. 예쁜 여자는 왕자를 만날 수 있다는 것. 이 판타지는 마음에 쏙 들었다. 그 덕에 원하는 어떤 여자와도 잘 수 있었으니까. 이걸 이용하지 않는 남자는 병신처럼 보였다. 마치 매형인 수재처럼.

가난한 시골 출신의 흉부외과 펠로우. 수재는 교수가 될 인맥도 능력도 없었다. 심지어 와이프까지 없었다. 의사들은 대체로 일찍 결혼한다. 전문의를 따기도 전에 결혼하는 경우도 많다. 의대에 갔다는 것만으로도 대출이 나왔었던 나라에서 의사라는 직함은 결혼 시장의 황금 열쇠나 마찬가지다. 준형은 마흔에 가까운 수재가 미혼이라는 얘기를 듣고 능력보다 욕심이 더 큰, 쓸데없이 자존심 강한 종자임을 알았다. 그런 허황된 꿈을 채워 주는 일은 자신의 전문 분야이다. 이십 대부터 상무 명함을 들고 로비를 한 준영은 사람의 욕망을 읽을 줄 알았다. 영업은 노력이 아니라 능력이다. 영업에 돈만 많이 쓰면 된다고 생각하는 사람은 하수다. 상대방이

스스로 선택한 것처럼 느끼게 하면 중수다. 고수는 자신을 만난 것이 행운이라고 믿게 한다.

준영은 이 여자와 누워 있는 것마저 지루해졌다. 한 번 만난 것도 아깝다며 속으로 혀를 찼다. 준영은 여자의 머리 아래 깔린 팔을 부드럽게 빼냈다.

"애기야, 오빠 일하러 가야 돼. 나중에 연락할게."

대충 옷을 꿰입은 준영은 자동차 열쇠를 집어 들었다. 새빨간 스마트키에 페○리 로고가 선명했다.

허준영의 명암고등학교 동창, 길윤후의 증언

"아, 허준영이. 친해요. 불알친구죠. 국제중, 특목고 동창이니까. 지금도 가끔 봐요. 중딩 때도 의사 한다고 깝치더니 지금도 친구 중에 누가 어디 아프다고만 하면 무슨 약이 좋네, 어떤 카피 약이 싸네 어쩌네, 아는 척은 더럽게 해요. 학교 다닐 때 그 새낀 공부도 나보다 못했어요. 싸움도 존나 못하고 키도 작고. 그땐 좀 병신이었죠. 학교 다닐 땐 그런 게 중요하잖아요. 축구, 게임, 싸움, 공부. 그리고 의사가 뭐가 좋아요? 옆에서 보니까 좆 빠지게 공부하고 일해 봤자 돈은 마누라만 쓰더구먼. 의사는 쓰는 거지 하는 게 아니라고들 하잖아요. 하여튼 제가 보기엔 의사는 다 퐁퐁남이에요. 퐁퐁남이 뭐냐고요? 형사라면서 뭐 아는 게 없으시네? 암튼 허준영이 본 지는 꽤 됐어요. 어릴 땐 클럽이나 좋은 데 같이 많이 갔지만, 저도 결혼하고 철들었죠. 지금은 아주 가끔, 가끔 갑니다, 사업상. 이해하시죠? 무슨 사업 하냐고요? 부동산. 이 건물 제 거예요. 저쪽에도 꼬마 빌딩 몇 개 있고. 투자금은 부모님이 좀 도와주시긴 했는데 거진 제가 한 거죠. 초기에는 정말 잠도 안 자고 사람 만나고 현장 보고 그랬죠. 부동산은 다 정보 싸움이니까. 노력한 만큼 버는 거죠. 투자 생각 있으시면 진짜 괜찮은 거 하나 알려 드릴까?"

◊

자갈밭 위로 타이어 구르는 소리가 들렸다. 수재는 피우던 담배를 던지고 주차장 입구를 바라보았다. 검은색 제○시스가 들어오고 있었다. 볼 때마다 갈구는 외과 과장 차는 은색 마○라티다. 수재는 짜증스럽게 담배를 새로 꺼냈다. 만성수면 부족 상태로 환자를 보기 위해서는 니코틴과 카페인이 필요했다. 그마저도 눈치를 보며 요령껏 채워 넣어야 하는 처지였다. 의대에 합격한 것만으로 새 인생이 펼쳐질 줄 알았던 과거를 떠올리며 수재는 쓴웃음을 지었다. 현실은 얼어붙을 정도로 냉정하다. 젊은 날에 꿈꿨던 성공의 모습이 아득한 잔상처럼 느껴졌다.

"가진 돈도 없이 펠노예를 어떻게 버티냐? 나이 생각도 해야지. 그럴 거면 결혼이라도 해라, 수재야. 집에 돈이 없으면 처가 돈이라도 있어야지."

대학 동기 광훈은 결혼을 적극 추천했다. 그 말대로 동기나 선배 중에는 일찌감치 결혼하는 사람이 많았다. 의사가 아닌 '예비 의사'라는 타이틀만으로 장가갈 밑천이 되는 것이다. 그리고 와이프 지원을 받아 면허를 따고 고된 수련의 시절을 버렸다. 처가의 돈으로 개원하는 사람도 적지 않았다. 수재는 할 수 없는 일이었다. 여자 쪽 집에 굽히고 들어가는 것은 성미에 맞지 않았다.

강원도 홍천군, 화촌면에서 자란 수재는 어렸을 때부터 동네의 스타였다. 변변한 보습 학원도 없는 동네에서, 그것도 다닐 형편이 되지 않아 혼자 공부하면서도 일등을 놓치지 않았다. 키도 크고 운동도 잘하는 수재는 또래에게 선망의 대상이었다. 학창 시절, 교무실에 갈 때마다 이름이 수재가 아니라 천재였으면 하버드에 갈 거라는 시시한 농담을 들을 때에도 부끄러워하지 않았다.

공부는 쉽고 재밌었다. 몇 번을 외운 영어 단어도 까먹고 간단한 수학 풀이도 쩔쩔매는 친구들을 보며 수재는 내심 자신은 천재가 아닐까 하고 생각했다. 그렇지 않다면 모든 것이 이렇게 쉬울 리가 없었다. 한자리에서 나고 사는 것이 익숙한 동네 사람들은 은연중에 수재를 이방인처럼 대했다. 수재도 잠시 머물고 떠날 사람처럼 행동하는 것에 익숙해졌다.

한 해에 한 명밖에 뽑지 않는 우신대학교 의예과 농어촌 전형으로 합격했을 땐, 동네에 현수막이 크게 걸렸다. 수재에게는 모든 게 당연한 일이었다. 국내에서 가장 유명한 대학교의 가장 들어가기 어렵다는 의예과에 합격한 것도, 모든

47

동네 사람의 주목과 축하를 받는 것도, 그리고 유명한 의사가 되어 돈과 명예를 거머쥘 것도, 그렇기에 남을 무시하는 수재의 태도는 눈에 띄었고 어디에서나 그를 외톨이로 만들었다. 수재는 술에 취하면 늘 수능 성적을 들먹였다.

"내가, 나보다 공부 잘하는 사람, 머리 좋은 사람을 본 적이 없어! 수능 때 딱 아홉 개 틀렸다니까?"

하지만 우신대학교에서, 그리고 우신대학병원에서 수재의 재능은 처지는 쪽이었다. 재학 중 세 번 유급하고 국가고시에서 두 번 탈락하고 나자 서른이 훌쩍 넘었다. 동기나 후배가 개원하거나 페이 닥터로 돈을 버는 동안 수재는 대학병원에 남았다. 펠로우 이 년 차가 되었을 때는 모아 둔 돈도 확실한 목표도 없이 마흔을 앞두고 있었다.

대학병원에서 일하는 의사의 최종 목표는 교수가 되는 것이다. 하지만 '하늘이 내려 준다'는 말처럼 대학병원 교수 자리는 노력이나 재능으로 얻을 수 있는 것이 아니다. 운이 좋으면 몇 년 만에 교수가 될 수도 있지만, 운이 나쁘면 십 년이고 이십 년이고 기다려야 한다. 자신은 후자일 것이다. 운은 돈과 인맥, 그리고 정치력으로 만들어진다는 것을 수재는 몸으로 익히며 배웠다. 그리고 자신이 그것을 모두 갖고 있지 않다는 것도.

연달아 피운 담배에 입안이 텁텁했다. 이제 결정해야 할 때다. 병원을 나갈지 남을지. 아침부터 자신보다 어린 교수에게 깨진 날이었다.

"박 선생, 선배 챙겨 주는 것도 한두 번이지 사람이 왜 이렇게 눈치 없고 빡빡해? 솔직히 여기 동문이 박 선생밖에 없어? 내가 언제까지 박 선생 똥 닦아 줘야 해? 그렇게 잘났으면 당장 나가서 개원해. 여긴 조직이야. 올해 재계약할 생각 있으면 이따 전체 회식 때 과장님 기분 잘 풀어 드려. 이차 삼차 빠지지 말고. 빽이 없으면 죽는 척이라도 하라고."

의사가 먹고살기 힘들다고 하면 사람들은 엄살이라고 생각한다. 생각하기에 따라 다른 말이다. 페이 닥터로 일하면 한 달에 천만 원은 벌 수 있다. 그러나 의대에 입학하려면 지방대라도 수능 상위 일 퍼센트 안에 들어야 한다. 그런 인재들이 삼십 년 가까이 쉬지 않고 공부하고 수련해서 된 것이 전문의다. 심지어 의사는 되고 난 후에도 끊임없이 노력해야 한다. 평범한 인간들이 의사와 비슷하게 살기를 바라는 것은 오히려 역차별이다.

회식 장소는 삼겹살집이었다. 수재는 돼지고기를 싫어했다. 특히 삼겹살은 질색이었다. 기름이 끈적거리는 테이블과 느끼한 삼겹살 냄새는 생각만으로 역겨웠고 시장 바닥 같은 번잡한 분위기를 생각하니 벌써 속이 좋지 않았다. 그나마 오늘은 전체 회식이라는 것이 위안이었다. 자신이 따까리

노릇을 하지 않아도 될 터다. 펠로우 밑에는 레지던트가 있고 그 아래에는 인턴이 있다. 또 그 아래에는 간호사, 그다음으로는 임상병리사나 방사선사, 그리고 간호조무사까지, 대학병원에서 의사보다 낮은 인간은 수없이 많다. 수재는 의사 외의 직군을 대놓고 무시함으로써 간신히 자존심을 지켰다. 기본 수면도 보장되지 않는 업무 환경, 수시로 인격을 무시하는 교수 밑에서 얻을 수 있는 최소한의 보상이었다.

방금 출고한 것처럼 반지르르한 광이 도는 검은 제○시스는 수재의 차 옆에 섰다. 십육만 킬로를 달린 흰 소○타는 수재처럼 낡고 추레했다. 차에서 내린 남자는 소년처럼 뼈대가 가늘고 날씬했다. 단정한 네이비 니트와 회색 슬랙스에서는 고급스러운 윤기가 흘렀다. 잘 닦아 놓은 도자기처럼 매끈한 피부를 보자 배알이 뒤틀렸다. 병동 내에서 몇 번 마주친 적이 있는 얼굴이었다. 유니폼을 입었을 때와는 확연히 다른 분위기였다.

'의사도 아닌 새끼가 꼴에 돈은 많아서.'

수재는 공연히 심사가 뒤틀렸다. 삼겹살집 안으로 들어서려던 남자는 수재를 보더니 부드럽게 눈꼬리를 휘었다. 남자가 보아도 여자 좀 많이 후려 본 것 같은 인상이었다. 수재 옆으로 다가온 남자는 바지 주머니에서 매끈한 알루미늄 케이스의 전자 담배를 꺼냈다.

"흉부외과 박수재 선생님이시죠? 영상의학과에 있는 허준영입니다. 정식으로 인사는 처음 드리네요. 안 그래도 말씀 좀 나누고 싶었는데⋯⋯."

남자가 내뱉는 연기에서는 달콤하면서 은은한 풋내가 났다. 수재는 담배꽁초를 자갈밭에 던지며 무뚝뚝하게 대답했다.

"네, 식사하면서 얘기하시죠. 저 먼저 들어가겠습니다."

돌아서는 수재의 뒤통수에 담배 연기처럼 은근한 목소리가 따라붙었다.

"박 선생님, 혹시 결혼하셨나요?"

박수재의 임학고등학교 동창, 나홍수의 증언

"박수재요? 우리 동네에서 갸 모르면 이 마을 사람 아이지. 난놈이야, 갸. 나랑 어릴 쩌게 뽈도 같이 찼잖우. 여 개울마카 다슬기 천진데 갸랑 나랑 여 개울 와서 다 쓸어 담았잖우. 갸가 그 어디더라, 맞아. 우신. 대학. 병원! 그 있잖소, 우리나라에서 거가 그 제일 큰 병원이잖소. 갸가 뭐 개천에서 용도 그런 용이 없지. 우리 동네 자랑이야, 자랑. 서울에서 다섯 손가락 안에 들어 줄걸? 얼굴도 뭐 갸가 잘생겼지. 갸 따라다니느라고 이 동네 아가씨들이 잠을 못 잤잖소. 근데 그 서울 사는 게 워낙에 팍팍한가 보더라야. 예전에 갸를 어디서 본기 얼굴이 뭐 반쪽이 됐잖소. 그래도야, 갸가 서울에서 제일가는 의대도 척 붙고, 서울서 쩨일 큰 병원 교수까지 달 았으니야 그 집 어머이가 뭐 골배이 들 쩽도로 골배이꾹을 잘 안 끓였나. 아, 그 골배이가 골배이가 아니고요, 다슬기. 다슬기. 그 어머이가야 아들 장가가면 옆에 가 사는 기 꿈인 양반이잖소. 아직도 여기 계시든데. 내가 그 현재 결혼 소식 을…… 들었나? 맞다! 들었다. 그게 벌써 몇 년 전인데. 내가 어떻게 가우. 갸가 날 불러야 가지 막 가우? 갸가 그 서울 사 람 다 됐다야. 고향 친구를 하나를 안 불렀지? 뭐 이 나이 먹 고 그러려니 하는 거지 뭐. 우리도 우리끼리 뭐 얘기를 하긴 했는데 뭐, 그럴 수도 있고……. 그래서 갸를 언제 마지막으 로 봤는가를 나한테 물었잖소. 허어…… 보자, 사 년, 오 년? 그래도 명절엔 한 번씩 오던 기 결혼하고 나르느냐 코빼기도 안 보인다. 그 심장 수술이란 게 에지간히 바빠야지 뭐. 사람 목숨이 중요하지 않겠나? 그래도 수재가, 갸가 우리 동네 아 주 최고 가는 자랑이잖소. 명물이야, 갸가."

"심장내과요?"

유진은 낯선 단어처럼 조심스럽게 발음했다. 소희는 드라마에 나오는 내연녀처럼 상대방의 얼굴에 물을 끼얹거나 뺨을 때리지 않았다. 대신 집에 들이고 따뜻한 커피를 내주었다. 사람들의 행동은 지나치게 조심스럽고 위험할 정도로 타인을 쉽게 믿는다. 마치 소희처럼. 유진은 천천히 질문을 반복했다.

"그러니까 준영 씨가 심장내과 의사라고요?"

소희의 표정에서 안도가 묻어났다. 이 상황이 같은 이름을 가진 남자 친구 때문에 생긴 해프닝이길 바라는 기색이었다.

"제 남자 친구 허준영은 우신대학병원 교수예요. 카디오요. 사람 잘못 찾아오신 것 같네요."

유진은 소희의 얼굴을 가만히 쳐다보았다. 커다란 갈색 눈동자에 얇은 입술, 부스스한 머리칼과 다크서클이 짙게 내려온 메마른 피부. 어떤 재앙이 닥쳐도 묻는 대신 묵묵히 버티는 성실하고 순진한 여자. 의사들은 이런 여자를 만나지 않는다. 게다가 준영 같은 남자는 소희 같은 여자와 결혼하지 않는다.

"준영 씨는 의사가 아니에요."

유진은 작게 한숨을 내쉬며 말했다. 이런 소식을 전하게 되어 진심으로 미안하다는 듯이. 그러자 소희의 갈색 눈동자가 흔들렸다.

"우신대학병원에서 일하는 건 맞지만 준영 씨는 방사선사예요. 매형이 같은 병원에서 일하는 흉부외과 교수고요. 그리고 준영 씨 나이는…… 아시죠? 그 나이에 대학병원 교수가 되는 건 굉장히 어려운 일이에요. 심지어 준영 씨는 의대를 나오지도 않았고요."

유진은 소희를 가르치는 것처럼 들리지 않도록 노력했다. 그런데도 소희의 얼굴은 순식간에 붉어졌다.

"제가 일하는 병원도 봤는데요. 가운 입고 찍은 셀카도 보내 줬고요."

"병원에서 일하는 건 사실이니까요. 방사선사도 가운을 입긴 하죠. 사실 병원에선 누구나 가운이나 유니폼을 입잖아요. 환자가 아니라면요."

유진은 마지막 말이 농담처럼 들리길 바랐다. 하지만 소희의 얇은 입술은 더욱 굳게 다물려 거의 보이지 않을 지경이었다. 자기를 비웃는다고 생각했을지도 몰랐다.

"그러니까 제 말은, 병원에서 일하고 있다면 누구나 쉽게 속일 수 있다는 거죠."

"그런데 왜 저를 찾아오셨죠? 저보다 준영 씨에 대해 그렇게 잘 아시는데요."

소희가 날카롭게 말을 잘랐다. 유진은 새삼 자신이 맡은 역할을 되새겼다. 어쨌든 사이좋게 대화할 사이는 아니었다.

"준영 씨와 금요일 밤에 무슨 일이 있었는지 말씀해 주세요. 아직 경찰은 제가 마지막으로 만난 사람이라고 생각합니다. 저도 소희 씨 얘기는 하지 않았고요. 저보다 경찰이 먼저 오면 난처하실 것 같아서요."

소희의 하얀 얼굴이 더욱 하얗게 질렸다. 튀어나오는 말을 막으려는 것처럼 입술을 쥐어뜯었다. 메마른 입술에서 피가 배어났다. 유진은 소희가 마음을 열 수 있도록, 최소한 상황을 제대로 이해하도록 설명을 덧붙였다.

"금요일 밤 아홉 시쯤, 준영 씨와 만났어요. 우리집에서요. 준영 씨가 떠난 뒤에 스마트폰을 발견했고요. 주말 내내 연락이 없는 것도 그러려니 했죠. 어쨌거나 준영 씨 스마트폰이 저한테 있었으니까요. 그리고 오늘 오전, 회사로 경찰이 찾아온 겁니다. 저와 마지막으로 만난 뒤에 준영 씨가 집에도, 병원에도 가지 않았다고요."

유진은 말을 멈추고 식은 커피를 마셨다.

"제가 뭘 했겠어요? 준영 씨 스마트폰을 봤죠. 놀랍게도 비밀번호가 없더군요. 그리고 소희 씨를 발견한 거예요. 준영 씨의 또 다른…… 여자 친구."

소희는 신경질적으로 웃었다. 기침하듯 발작적으로.

"저한테 전화하시지 그랬어요? 집주소는 어떻게 아신 거죠?"

유진은 쓸쓸하게 웃었다.

"전화번호가 저장되어 있지 않던데요. 소희라는 이름으로는. 물론 여자 친구, 애인, 내 사랑, 뭐 이런 것들로도요. 위로가 되실지는 모르겠지만 제 이름도 그런 걸로 저장된 건 아니에요. 어쨌든 내비게이션 앱에는 자주 가는 목적지가 몇 개 있더군요. 그중 여기가 유일한 가정집 주소였고요. 당연히 소희 씨 집일 거라고 생각했어요. 준영 씨 스마트폰을 보면 가장 자주, 그리고 오래 연락한 여자가 소희 씨니까요."

소희가 비웃듯 내뱉었다.

"경찰 하셔도 되겠네요. 그래서요?"

"제 생각은 이래요. 금요일 밤, 준영 씨는 저와 다툰 후에 소희 씨를 만나러 온 겁니다. 내비게이션 같은 건 필요 없었겠죠. 소희 씨와는 오랫동안 연인 사이였으니까요. 그 이후 어디론가 사라진 거죠. 집에도, 병원에도 가지 않고. 아직도 여기 있는 게 아니라면요."

유진은 의자에서 몸을 돌려 활짝 열린 침실과 거실, 좁은 화장실을 훑었다.

"그리고, 지금은 여기 없는 것 같네요."

소희는 망설이듯 작게 입술을 달싹였다. 유진은 상냥한 미소를 지었다. 무엇이든 이해할 수 있다는 듯이. 실제로 소희와 준영이 무슨 일을 했든 상관없었다. 자신이 저지른 실수를 만회할 수 있다면 유진은 무엇이든 할 생각이었다. 그러기 위해선 준영을 찾아야 했다. 누구보다 먼저.

사실, 소희의 존재를 안 날은 오늘이 아니라 지난주 금요일이었다. 유진은 준영의 스마트폰을 뒤지기 위해 준영의 갤○시 스마트폰에 맞는 C타입 충전기를 샀다. 필요하다면 불법 업체를 통해 잠금 패턴을 풀 생각도 했다. 다행스럽게도 그리고 정말 놀랍게도 준영의 스마트폰은 잠겨 있지 않았다. 그 스마트폰 속에는 소희 외에도 흥미로운 것들이 많았다. 유진은 스마트폰이 잠겨 있지 않은 것이 의문이었다. 하지만 거짓말을 정말 잘하는 사람들은 비밀이 전혀 없는 것처럼 보인다. 마치 자신처럼.

"그러니까 이 년 전부터 사귀신 거죠? 준영 씨가 금요일 밤 여기 왔을 때 특이한 점은 없었나요?"

"그건 그쪽이 잘 알지 않아요? 유진 씨라고 했죠? 유진 씨야말로 금요일에 무슨 일 있었어요?"

소희가 공격적으로 되물었다. 유진은 술렁거리는 마음을

들키지 않으려 커피잔을 들어 표정을 숨겼다. 차갑게 식은 인스턴트커피에서는 신맛이 강하게 났다. 혹시 준영이 소희에게 무슨 얘기를 했을까? 그럴 리는 없다. 소희는 아무것도 모르는 게 분명했다. 자신을 대하는 태도를 보면 알 수 있었다.

"약간 다퉜어요……. 결혼 문제 때문에."

이번에는 소희가 입을 다물었다. 결혼이라는 단어에 상처받은 것 같았다. 준영은 소희와 결혼할 생각이 전혀 없었을 것이다. 그렇지 않다면 유진을 소개받지 않았을 테니까. 하지만 자신과 준영의 첫 만남은 소개팅이라는 지극히 가볍고 설레는 단어와는 거리가 멀었다. 유진의 등을 떠민 것은 유진의 엄마, 애나다. 혜주가 말한 세무사 친구는 아빠 문호가 운영하는 강앤리 로펌에서 일했다. 그리고 준영의 아버지이자 JS메디컬 대표인 허준성은 강앤리 로펌의 오랜 고객이었다.

'정말 운이 나빴지.'

유진은 이 불행의 시작을 떠올리며 한숨을 쉬었다.

"너, 남자 소개받는다며. 그런데 왜 엄마한테 말도 안 하니?"

"엄마가 그걸 어떻게 알아? 안 만날 거라서 얘기 안 했어요.”

“아빠가 말씀하시더라. 직원 중에 한 명이 고객 아들 소개 주선했다고. 그래서 고객의 사적인 영역은 관여하지 말라고 한소리 하시다가 네 이름이 나왔대. 세상에, 우리가 얼마나 놀랐는지 아니? 너 왜 얘길 안 해서 자식 소식도 모르는 부모 만들어. 망신스럽게.”

“저도 한 다리 건너 들은 거라 아빠 직원인 줄 몰랐죠. 아무튼 안 나갈 거예요.”

“그러지 말고 나가 봐. 아빠가 이미 자세히 알아보셨으니까. 아주 건실한 기업이야. 앞으로 성장 가능성은 더 높다더라. 아빠 직원 중에 박 변호사 기억나지? 거기가 남자 쪽 누나랑 같은 아파트 사는데 매형은 우신대학병원 교수라더라. 이만하면 괜찮은 자리야. 너도 나이가 있는데 결혼해야지. 더 골라 봤자 점점 더 수준 떨어져. 여자는 나이도 조건인데.”

유진은 심한 피로감을 느꼈다. 엄마와 결혼 문제로 실랑이하는 것도 올해만 세 번째였다. 이번에는 쉽게 물러설 것 같지 않았다.

“세상에, 서로 아는 사람들이 왜 이렇게 많아요? 당사자인 나도 모르는데?”

“비슷한 수준의 사람들끼리 서로 아는 거, 당연한 거야. 그러니까 평소에 행동 똑바로 하라고 그렇게 귀에 못이 박히도록 말했잖니. 아마 그쪽도 너 알아볼 대로 알아봤을 거다. 일단 나가 보고 결정해. 지금 당장 결혼하라는 거, 아니잖아."

"……."

정적이 흘렀다. 팽팽한 긴장을 깨고 거친 목소리가 튀어나왔다. 엄마의 평소 우아하고 조용한 말투는 흔적도 없이 사라진 상태였다.

"……너 설마, 아직도 정신 못 차렸니? 그거 아니지? 그랬다간 정말 너 죽고 엄마 죽는 거야. 어?"

유진은 순식간에 아이로 돌아간 기분이었다. 사람들 앞에서 뺨을 맞고 무력하게 서 있던 그날의 수치심과 두려움이 생생하게 되살아났다. 왼쪽 손목이 욱신거렸다. 유진은 당장이라도 집에 달려올 것 같은 엄마를 달랬다.

"아니야. 엄마, 아니에요. 만나 볼게요. 허준영 씨."

그게 석 달 전의 일이었다. 유복한 환경, 단정한 외모, 완벽한 남자 친구까지. 어떤 이들은 유진이 모든 걸 타고났다고 했다. 타고났다는 것은 선택하지 않았다는 말이다. 유진은 눈을 깜박였다. 금요일부터 제대로 자지 못해 눈꺼풀이 뻐근했다. 소희는 마른 어깨를 웅크린 채 커피잔을 꽉 쥐고 있었다. 둥근 어깨뼈를 보자 불현듯 그날의 기억이 밀려들었다.

오늘처럼 더운 여름날이었다. 열린 창문으로 바람이 불자 흰 커튼이 교실 안으로 펄럭였다. 유진은 커튼보다 흐트러진 앞머리가 신경이 쓰였다. 손으로 정리하고 싶었지만, 이마에 난 여드름이 보일까 봐 두려웠다. 유진은 원래 긴장을 하는 타입이 아니었다. 영어 말하기 시험을 치를 때는 연습했던 것보다 유창하게 발음했다. 친구들은 또래 남자아이와 대화를 할 때면 얼굴을 붉히고 앞머리를 만졌지만, 유진은 항상 무심했다. 하지만 그 순간에는 다이너마이트가 된 기분이었다.

혈관에 불을 붙인 것처럼 온몸이 구석구석 뜨거워졌다. 자신도 모르게 눈을 감았다. 얼굴에 그늘이 드리워지며 샴푸 냄새가 나는 머리카락이 볼을 간지럽혔다. 꼭 쥔 손바닥 안에서 심장이 파닥거렸다. 조심스럽게 부드러운 입술이 닿았다. 유진은 주먹을 풀고 상대방의 마른 어깨를 감쌌다. 아득히 먼 곳에서 가벼운 날갯짓 소리가 들리는 것 같았다. 유진은 손에 힘을 주어 끌어안았다. 얇은 하복 아래로 가느다란 날개뼈가 느껴졌다.

유진은 눈을 깜박여 상념을 지웠다. 소희는 여전히 말이 없었다. 유진은 준영과의 관계에 대해 털어놓고 싶은 충동을 억눌렀다. 문을 열자 보이던 준영의 놀란 얼굴, 이어진 고성과 유리병에 닿던 둔탁한 감촉, 흰 카펫을 물들이던 붉은 얼룩…….

정적을 깨고 소희가 커피잔을 테이블에 거칠게 내려놓았다. 머그잔에서 커피가 출렁였다. 소희가 쥐어짜듯 꺼낸 말은 유진의 예상과는 전혀 다른 것이었다.

"그럼…… 제 사진하고 영상도 보셨겠네요."

소희는 분노와 수치심으로 얼굴이 빨개진 채 유진을 노려보았다. 기울어진 테이블에서 흘러내린 커피 방울이 흰 장판에 검은 얼룩을 만들었다.

용산 더 힐 센○럴파크뷰, 관리소장의 증언

"1302호 입주자 정보요? 보자…… 강유진 씨로 되어 있네요. 1302호 앞으로 등록된 차량이 두 대고요. 그렇다고 꼭 둘이 산다고 볼 수는 없는 게 여기 입주민 중에는 혼자서 세 대, 네 대 등록하신 분도 있어요. 아무래도 젊고 돈 좀 있는 분들이니까. CCTV요? 없어요. 건물 출입구에는 있는데 복도에는 없어요. 그거 저희가 일부러 안 단 거 아닙니다. 관리비가 얼마인데요. 작은 평수도 월세가 백만 원이 넘어요. 입주민이 원하지 않아서 안 단 거예요. 개인 정보 보호 때문에. 네, 원룸 하꼬방 복도에도 다 있는 CCTV가 여긴 없어요. 아시겠지

62

만 CCTV 설치가 의무는 아닙니다. 어쨌거나 지난주 금요일 방문자가 궁금하시다 이거죠? 몇 시요? 하루 종일 돌려볼 수는 없잖아요? 저녁 여덟 시부터 열 시까지? 봅시다, 여기 꽃다발 든 총각요? 바로 나오네. 여덟 시 삼십일 분. 차 안 타고 걸어서 들어왔고. 그런데…… 남자 혼자 나가는 모습은 없는데? 그거 말고는 아홉 시 반 쯤에 1302호 출차 기록 있네요. 요기, 주차장에 키 큰 아가씨가 차에 큰 짐 싣는 거 보이시죠? 가방 크기가 아따, 사람도 들어가겠네. 주차장 내부 말고 지하 주차장 엘리베이터에서 출구 찍은 건 없냐고요? 이게 사람 다니는 길이 아니라 차가 다니는 길이잖아요. 출입, 출차 할 때 차량 번호가 자동 기록되니까 필요 없죠. 이 남자 찾는 거면 거, 왜 전화기 위치 추적해보시지? 요즘 젊은 사람 중에 전화기 없이 댕기는 사람이 어디 있어. 집에 있는 자식놈도 찾으려면 그놈 전화기부터 찾아야 해. 스마트폰을 지손인 것처럼 달고 다니니까. 그 남자도 스마트폰 있는 곳에 있지 않겠어요? 요즘 사람들 다 그러잖아요."

◊

느닷없이 찾아온 여자, 새것 같은 여자의 이름은 유진이었
다. 민원인을 대하는 공무원처럼 친절하고 사무적인 태도에
소희는 슬퍼해야 할지 화를 내야 할지 혼란스러웠다. 준영이
바람을 피웠다는 분노, 자신을 떠날지도 모른다는 불안, 그
리고 마지막으로 봤던 준영의 모습……. 저 여자가 그날 밤
일을 알고 있을까? 두려움 때문에 목소리가 갈라졌다.

"왜 제가 마지막으로 만난 사람이라고 생각하세요?"

유진은 예상했던 질문이라는 듯 가방에서 눈에 익은 스마
트폰을 꺼냈다. 소희는 그 순간에도 가방 바닥에 새겨진 작
은 금박 로고를 읽었다. 셀○느 카바스 16백. 올해 나온 신상
품이다.

유진은 준영의 스마트폰을 내밀었다. 소희가 금요일에 보
낸 메시지였다.

[준영 씨, 오늘 꼭 할말이 있어. 늦어도 상관없으니 집으로
와.]

"이후로 전화나 메시지를 안 하신 것 보면 만난 것 같은데
요."

소희는 입술을 꽉 깨물었다. 될 대로 되라는 심정이었다. 준영의 스마트폰을 가지고 있는 여자, 자신의 비밀을 봤을 여자에게 적개심이 불타올랐다.

"저는 몰라요. 준영 씨가 어디 있는지."

유진은 소희를 보며 미소를 지었다.

"그럼 찾는 걸 도와주세요. 저보다 훨씬 오래 만났으니 아는 것도 많으시겠죠."

유진은 담담하고 당당했다. 내연녀를 상대하는 아내처럼. 소희는 감정을 내보일수록 밑지는 기분이 들어 유진의 건조한 말투를 흉내 내려 해 보았다.

"유진 씨라고 했죠? 왜 준영 씨를 찾는 거예요? 걱정돼서? 화도 안 나요?"

"소희 씨도 별로 화난 것처럼 보이지는 않는데요."

소희는 입꼬리를 올렸다. 억지로 올린 탓에 비웃는 표정이 된 것 같았다.

"유진 씨한테 화내서 될 일이 아니잖아요. 준영 씨를 찾는 게 우선이죠."

소희는 정말 묻고 싶은 말을 속으로 삼켰다.

'준영 씨를 찾으면 헤어질 건가요?'

소희는 수치스러웠다. 유진에게서 준영에 대한 진실을 하나씩 들을 때마다 옷이 하나씩 벗겨지는 기분이었다. 사소한 문제가 있기도 했지만, 그건 당연했다. 세상에 완벽한 연인이라는 건 없다. 소희는 돈을 아낌없이 쓰는 준영의 사랑을 의심하지 않았다.

준영을 만나기 전까지 소희는 늘 달리는 기분이었다. 잠시 쉬거나 다른 길로 돌아갈 틈이 없는, 목적지가 보이지 않는 길 위에서 무작정 달리는 것 같았다. 소희의 어깨에는 늘 엄마와 동생이 매달려 있었다. 소희는 항상 빨리 많은 돈을 벌고 싶었다. 어른이 되면 지독한 가난에서 해방될 것이라고 믿었다. 하지만 나이가 들수록 깨달았다. 자신은 가족과 함께 침몰하는 배였다. 서서히, 하지만 확실한 가난 속으로.

그러나 준영과 함께 있으면 걱정할 것도 결정할 필요도 없었다. 언젠가부터 소희는 혼자 있을 때조차 준영의 시선으로 생각하고 움직였다. 미디어에서는 독립적인 삶과 주도적인 인간이 되라고 하지만 그건 삶을 온전히 책임져 보지 않은 사람들이나 찬양하는 말이다. 소희는 자신이 아무리 노력해도 일정 수준 이상 올라설 수 없음을 알았을 때, 아득한 우울함을 느꼈다. 월급을 고스란히 모아도 집값이 오르는 속도는 따라갈 수 없었고 연봉을 높이려면 좋은 학벌과 경험이 필요했다. 모두 돈과 시간이 필요한 것이었다. 오래 괴로워할 여유가 없었으므로 소희는 절망하면서도 쉬지 않고 일했다.

준영을 만났을 때 소희는 마침내 안전한 항로로 들어선 기분이었다. 예고 없는 폭풍우나 감당할 수 없는 파도가 치지 않는 인생. 키를 놓아도 늘 잔잔한 바다를 항해하는 느낌은 쾌락에 가까운 안식이었다. 그런데 자신은 왜 준영에게 담배를 피운다는 사실을 숨겼을까? 왜 아버지가 사고로 돌아가셨다고 거짓말을 했을까? 왜 가족을 책임지고 있다는 말을 하지 않았을까? 소희는 준영에게 빠져들수록 진짜 자신을 숨기고 싶은 마음이 강해지는 것을 자신도 이해할 수 없었다.

소희는 속물적인 사람을 경멸했다. 사람을 직업, 재산, 외모로 평가하는 것은 나쁜 일이다. 엄마는 어릴 때부터 그렇게 가르쳤다. 자신도 그게 올바른 태도라고 믿었다. 남자를 만날 때는 재산이나 직업을 재는 것처럼 보이고 싶지 않아 졸업한 학교조차 물어보지 않았다. 남자가 자신의 학교를 물어보지 않았으면 하는 바람도 있었다. 소희는 이름 없는 전문대를 졸업한 게 늘 부끄러웠다.

하지만 남자를 사귈 때마다 항상 궁금했다. 가족 여행은 어디를 갔다 왔는지, 옷을 살 때는 백화점에 가는지, 가족끼리 외식할 때 가는 식당은 어디인지, 물어보면 알 수 있는 것들이었지만 소희는 절대 묻지 않았다. 대신 메뉴판을 훑어보는 눈길에서, 지나가듯 말하는 추억에서 남자의 가정 환경과 경제적 수준을 유추하려고 했다.

대체로 의미 없는 노력이었다. 사소한 행동 하나로도 소희가 예상한 퍼즐은 모래성처럼 무너졌다. 남자가 데이트 통장을 만들자고 할 때, 소희의 집에서 만나길 고집할 때마다 마음이 차갑게 식었다. 그러나 소희 자신도 실망한 이유를 몰랐기 때문에 말할 수 없었다. 준영과의 만남에서는 이런 노력을 할 필요가 없었다. 준영은 퍼즐 조각이 아니라 이미 완성된 퍼즐이었다.

만난 지 일 년이 되던 날, 준영은 화려한 꽃다발을 선물했다. 플로리스트의 이름이 리본에 박힌 꽃다발은 준영의 얼굴을 모두 가릴 정도로 컸다. 아주 비쌀 것 같았다. 꽃다발을 건넨 준영은 동네 식당에 가는 것처럼 일상적인 말투로 점심은 한남동에 있는 일식집에서 먹자고 말했다. TV에 나온 셰프가 오마카세를 내놓는 곳이었다. 예약이 워낙 치열해 서연도 아직 가 보지 못한 곳이었다. 말꼬리가 자꾸만 올라갔다.

"거기 엄청 유명하던데~? 인○타에서 보니까 예약도 한 달에 한 번 열자마자 마감된다고 그러고. 준영 씨는 어떻게 예약했어요? 엄청 고생했겠네."

"운이 좋았지. 주말이라 차 막힐 것 같은데 좀 일찍 나갈까?"

소희는 준영이 생색을 내지 않아 더 근사하다고 생각했다.

"그래? 잠깐만 기다려요. 나 옷만 갈아입고."

"외출 준비 끝난 거 아니었어?"

"그렇게 좋은 곳에 갈 줄 몰랐지. 나 뭐 입지? 자기랑 커플 룩으로 색깔 맞춰서 입을까?"

준영은 소희가 사랑스럽다는 듯이 웃었다.

"지금도 예쁜데 뭐. 디너는 다음에 더 좋은 데 가자."

환상적인 하루는 그걸로 끝나지 않았다. 식사 후 준영이 데려간 곳은 압구정동 현〇 백화점이었다. 기사에서 봤던 것처럼 샤〇 매장에는 사람이 많았다. 예상 대기 시간만 다섯 시간 이상이라는 직원의 말에 준영은 소희를 쳐다보며 팔자 눈썹을 지었다. 소희가 좋아하는 소년 같은 얼굴이었다. 소희는 웃으며 다음에 오자고 손을 저었다. 준영은 고개를 저었다.

"직접 고르게 하려고 미리 안 샀는데 미안해지네. 아마 프〇다에는 사람이 별로 없을 거야. 거기도 많으면 버〇리에 가 보고. 명품관은 이상하게 비쌀수록 사람이 많다니까."

"준영 씨, 나 정말 괜찮아. 예쁜 꽃다발도 받았고 맛있는 밥도 먹었고. 난 정말 충분해요. 아니, 너무 행복해."

준영은 고집을 부렸다. 한 시간을 기다려 입장한 프〇다 매장에서 소희는 금장 로고가 박힌 검은색 숄더백을 골랐다. 유행을 타지 않을 것 같은 실용적인 디자인이었다. 소희는 모든 순간을 기억에 새겼다. 진열장 위의 가방을 가리킬 때마다 흰 장갑을 낀 직원이 내어 주던 정중한 손길, 가방을 멘 자신을 바라보며 미소 짓는 준영을 비추던 거울, 이백팔십만 원이라는 가격을 듣고도 준영이 망설임 없이 카드를 내밀며 "일시불이요."라고 말하던 순간, 직원이 오랜 시간을 들여 아기처럼 소중하게 포장한 가방을 건네며 짓던 미소까지. 모든 것이 소희가 상상했던 것보다 훨씬 근사했다.

"마음에 들어? 더 좋은 거 사 주려고 했는데 사람이 너무 많네. 다들 살기 힘들다더니 명품 사는 사람은 왜 갈수록 늘어나?"

"너무 마음에 들어요. 나 첫 명품 백이야. 진짜 평생 소중하게 간직할게."

소희의 말에 준영은 소리 내어 웃었다.

"간직하긴 뭘 간직해! 가방은 소모품이지. 아무 데나 들고 다녀. 또 사 줄 테니까."

소희는 아무것도 준비하지 않은 것이 마음에 걸렸다. 프○다 가방쯤 준영에게는 별거 아니겠지만 자신을 너무 뻔뻔한 여자로 생각할지도 몰랐다. 준영에게 꽃뱀으로 여겨지는 것은 절대 안 될 일이었다.

"준영 씨도 재킷 하나 골라 봐요. 내가 선물할게."

"뭐?"

준영은 정말 놀랐다는 듯이 눈을 크게 뜨더니 손을 저었다.

소희도 준영처럼 고집을 부렸다. 준영은 명품 매장이 아닌 브랜드 매장에 가는 것으로 타협했다. 타○옴므에서 고른 검은색 재킷은 팔십구만 원이었다. 소희의 두 달 치 생활비였다. 소희는 코트도 아닌 재킷이 백만 원 가까이 된다는 사실에 놀랐지만 태연하게 카드를 내밀었다. 다만 직원에게 작은 목소리로 "할부 육 개월이요."라고 한 말은 준영이 듣지 못했기를 바랐다.

몇 달 동안 생활비를 바짝 줄여야만 했다. 소희는 이미 빠듯한 생활비에서 어디를 줄여야 할지 계산했다. 준영은 가벼운 관계가 아니라 깊은 사이니까, 결혼 상대자가 되려면 좋은 인상을 남겨야 하니까, 소희는 무의식적으로 준영의 선물을 산 비용을 합리화했다. 소희가 머릿속으로 바쁘게 계산하는 사이 준영은 스마트폰을 꺼내 무언가 확인했다. 소희는 준영이 아○폰이 아닌 갤○시를 쓰는 것도 마음에 들었다. SNS를 많이 하거나 사진 찍는 것을 좋아하는 남자는 어쩐지 가벼워 보였다.

"병원에서 콜 들어왔어. 오늘은 그냥 넘어가나 했더니 역시나네. 조금 있다 들어가 봐야 할 것 같은데 미안해서 어쩌지?"

준영이 눈썹을 축 늘어뜨렸다.

"무슨 소리야. 일이 먼저지. 내 걱정은 하지 말고 가요."

준영은 한 매장을 가리켰다. 클로버 모양으로 유명한 주얼리 브랜드였다.

"백화점 온 김에 누나 선물 사려는데 소희가 같이 골라 줘. 다음주가 누나 생일이거든."

"그럼 나도 선물 드려야 하나? 누나 결혼하셨다고 했지? 준영 씨랑 같은 병원에서 일하는 의사 분이랑."

"응. 매형은 흉부외과야. 소희까지 선물할 필요가 뭐 있어? 누나한텐 소희가 골라 줬다고 얘기할게."

주얼리 매장은 가방을 파는 곳보다 한산했다. 소희는 준영이 자신보다 누나에게 더 비싼 선물을 하는 것이 내심 서운했지만, 티를 내지 않기 위해 적극적으로 골랐다. 소희가 화이트 자개 클로버 목걸이를 가리키자 준영은 고개를 저었다.

"누나는 화려한 거 좋아해. 그리고 이건 아마 있을 것 같은데."

소희는 준영의 말이 신경쓰였다. '아마' 있을 것 같다니? 보통 남동생이 누나가 가진 목걸이나 귀걸이를 알고 있나? 소희는 준영의 모든 말을 해석하려는 자신이 짜증스러웠다. 준영의 말에 직원이 눈에 띄게 반색하며 안쪽에서 물건 하나를 꺼냈다.

"전국 품절된 이번 시즌 홀리데이 제품이에요. 핑크색이 너무 영롱하게 잘 나와서 정말 빠르게 소진된 제품인데 예약하신 VIP 고객님이 방금 예약 취소하셨거든요. 동일한 제품을 선물로 받으셨다고. 지금 전국에 딱 한 점 남은 제품인데 어떠세요? 리미티드 에디션이라 소장 가치도 충분하고요. 화려한 거 좋아하신다면 정말 마음에 들어 하실 거예요."

가격은 사백구십만 원이었다. 예상을 훨씬 웃도는 가격에 놀란 소희는 준영이 당연히 거절할 줄 알았다. 누나에게 선물하기에는 너무 비싼 물건이었다. 하지만 준영은 망설임 없이 신용카드를 내밀었다.

"그걸로 포장해 주세요."

곧이어 준영이 눈썹을 올린 표정으로 소희를 바라보자 소희는 입꼬리를 활짝 끌어 올렸다.

"예쁘네. 누나가 좋아하실 것 같아요."

준영은 소희의 집까지 데려다줄 시간이 없다며 사과했다. 소희는 조금이라도 더 같이 있고 싶은 마음에 병원 앞에서 내렸다. 병원으로 들어가는 은색 B○W 범퍼를 보자 준영에게 가졌던 약간 서운한 감정은 씻은 듯이 사라졌다.

'가족에겐 당연히 더 비싼 선물을 해야지. 준영 씨 누나라면 당연히 눈도 높으실 테고.'

그렇게 생각하자 마음이 개운했다. 손에 들린 프○다 쇼핑백의 기분 좋은 묵직함이 가슴을 꽉 채웠다. 대학병원에서 일하는 능력 있고 다정한 의사 남자 친구. 저녁을 안 먹어도 배가 부를 것 같았다. 하지만 준영은 앞으로도 몇 시간은 밥 먹을 시간이 없을 것이었다. 소희는 서둘러 병원 주변 카페를 찾았다. 이왕이면 프랜차이즈가 아닌 곳으로. 병원 사람들은 준영처럼 입맛도 고급스러울 것 같았다. 손바닥보다 작은 빵이 칠천 원인 곳이었지만, 소희는 커다란 종이봉투 두개를 꽉 채웠다. 준영과 함께 일하는 의사나 간호사 모두가 하나씩 먹을 수 있도록. 그리고 준영이 이렇게 말하는 것을 상상했다.

'이거 내 여자 친구가 사 왔는데 먹어요. 내가 바쁘다고 챙겨 줬네.'

병원으로 향하던 소희는 발걸음을 멈췄다. 익숙한 차 한 대가 병원 주차장을 나오고 있었다. 은색 BOW Z4. 주차 차단기가 올라가는 동안, 소희는 운전석에 앉은 준영을 확실히 볼 수 있었다. 그리고 조수석에 앉은 여자의 얼굴도. 우아하게 솟은 코끝에 또렷한 점이 인상적인 미인이었다. 햇살이 비쳐 여자의 목에 걸린 클로버 목걸이가 반짝거렸다. 영롱한 핑크색이었다.

대림1동 편의점 사장, 임 씨의 증언

"요 앞 스타팰리스 빌라 사는 키 큰 아가씨? 한 칠 년 됐나? 여기 편의점 냈을 때부터 왔으니까 기억하지. 처음에는 한밤

중, 새벽에 와서 담배나 사 가길래 혹시 어디 업소 나가나 했는데. 얼굴은 순진하게 생겼지만, 또 어떻게 알어. 나중에 궁금해서 물어봤더니 집에서 일한다고 그러더라고. 오피는 아니냐고? 이 동네에 무슨 오피는 얼어 죽을 오피야. 형사님 여기 몰라요? 대림동? 도림로 가 저짝에는 한국인 사는 동네지만 여기는 완전 짱개만 사는 곳이야. 이 동네에서 사고 나면 합의금은커녕 병원비도 제대로 못 받아. 노가다 뛰는 것보다 한국 깜방이 낫다고 말하는 놈들이라니까? 그런 놈들이 오피 갈 돈이 있겠어? 방석집이면 모를까. 그런데 남자 친구 생기고 나서는 통 담배 사러 안 오데. 애인이 피우지 말라고 했나? 남자 친구를 어떻게 아느냐고? 여기 하루 종일 서 있으면 무슨 차가 들어오는지, 누가 싸우는지 보는 게 일이야. 그런데 그렇게 비싼 차가 들어오면 당연히 눈에 띄지. 하루는 내가 가까이 가서 구경도 했다니까. 이야, B○W 뚜껑이 열리는데, 나라도 그런 애인 생기면 당장 담배 끊겠네. 담배만 끊어? 마누라도 끊을 수 있어! 그런 차가 일주일에 한 번은 이 후진 빌라 앞에 주차해서는 여자 태우고 가는데 모르면 병신이지. 그 아가씨 팔자 노났어. 밤새 하는 일이 뭔지 몰라도 돈 많이 벌고 좋은 일이면 그러고 살겠어? 결혼해서 빨리 뜨는 게 상책이지. 한 이 년 넘었나? 생각해 보니 요새는 통 못 봤네. 그 아가씨랑 남자 친구랑 뭔 일 났소?"

◌

　세라는 자신의 위에서 헐떡이는 남자를 만족스럽게 바라보았다. 나쁘지 않은 남자였다. 정력도 성격도 재력도. 오늘은 반○리프 아펠의 홀리데이 에디션 목걸이를 선물했다. 남자가 움직일 때마다 핑크색 클로버 펜던트가 세라의 목에서 반짝였다. 하지만 갖고 싶은 남자는 아니었다. 괜찮은 섹스와 선물을 주는 남자. 준영은 자신에게 딱 그 정도 남자였다. 자신이 원하는 것은 신분 상승이다. 세라의 남자 친구는 의사였다. 정확히는 레지던트지만 어쨌든 의사가 될 것이었다. 그리고 키도 더 컸다. 남자 친구인 현성을 생각하자 세라는 기분이 좋아졌다.

　'나는 의사 사모님이 될 거야. 그러려고 대학병원에 온 거니까.'

　세라는 자신의 매력을 최대한 활용할 계획이었다.

　중학생 때부터 세라는 이미 '예쁜 애'로 동네에서 유명했다. 중학교 이 학년이던 어느 날, 학교 앞에 인근 고등학교 남학생 무리가 누군가를 찾았다. 그중 하나가 세라를 보고 소리쳤다.

"어? 쟤다! 신사동 한예슬!"

교문을 나서던 아이들과 세라와 팔짱을 끼고 있던 친구들이 동시에 세라를 쳐다보았다. 부러움과 질투, 놀라움이 섞인 눈빛. 세라는 뱃속이 간질간질한 기분을 느꼈다. 약간 부끄러우면서도 뿌듯한 우월감. 세라는 성인이 된 후에도 사람들에게 과거 별명을 은근슬쩍 얘기하곤 했다. 물론 강남구 신사동이 아니라 은평구 신사동이라는 것은 말하지 않았다.

학창 시절, 세라는 소위 '일진'이라고 불리는 무리와 쉽게 어울렸다. 세라는 남에게 돈을 뜯거나 때리는 일은 못 했지만 화려한 외모로 늘 주목받는 학생이었다. 세라는 페〇스북에 셀카를 올릴 때도 #신사동_한예슬이라는 태그를 사용했다. 페〇스북으로 메시지를 보내는 남자의 연령은 또래부터 삼사십 대 성인까지 다양했다. 친구들과 PC방을 가면 페〇스북에 로그인해 쌓인 알람을 귀찮다는 듯 슬쩍 보여 주었다. 친구들은 세라 대신 메시지를 확인하며 종알댔다.

"야, 야, 대박! 이 오빠 존나 잘생긴 걸로 유명하잖아! 여친 있지 않냐? 깨졌나? 왜 얘한테 페메 보냈지?"

"뭐래? 씨발, 사귀재?"

"연락하고 지내재! 세라 존나 좋겠다!"

"뭐가 좋아? 어차피 확인도 안 할 거였는데. 나 남친 있잖

아. 오빠 알면 난리 나."

"니가 남친 없을 때가 있냐? 일단 연락이나 해 봐. 친해지면 내가 소개받게."

"세라야, 나 해 줘, 나! 내가 소개받을래!"

세라는 친구들을 보며 싱긋 웃었다. 누군가 자신을 부러워하는 기분은 아무리 반복되어도 질리지 않는다. 오히려 중독적인 쾌감이다. 세라는 또래 집단에서, 그리고 인터넷 세상에서 여왕이었다. 그래서 삼십 년 넘은 이십사 평 주공 아파트로 돌아갈 때마다 왕국에서 쫓겨나는 기분이 들었다.

세라는 열쇠로 스티커가 덕지덕지 붙은 현관문을 열었다. 좁고 지저분한 거실에는 김치와 나물이 반찬 통째 올려진 밥상이 나와 있었다. 흰밥 위에 뻘겋게 묻은 김치와 밥풀이 붙은 숟가락을 보니 비위가 상했다. 세라는 현관을 힐끗 돌아봤다. 낡고 커다란 남자 신발이 보였다. 세라는 등에 멨던 책가방을 바닥에 소리 나게 던졌다. 잠시 뒤 안방 문이 열리고 러닝셔츠에 트렁크 팬티 차림의 아빠 장섭이 나왔다. 약간 머쓱한 표정이었다.

"세라 왔냐? 오늘은 왜 이렇게 일찍 오냐."

장섭의 뒤를 이어 엄마 해순이 부스스한 머리를 매만지며 나왔다. 집에서 입는 후줄근한 치마와 늘어진 티셔츠를 걸친 엄마의 얼굴이 약간 상기되어 있었다.

"딸, 왔어? 맨날 친구들이랑 밥 먹고 오길래 아빠랑 일찍 먹었다. 넌 밥 먹었어?"

세라는 부모를 경멸하는 눈으로 바라본 뒤, 말없이 책가방을 주워 방으로 들어갔다. 쾅 소리를 내며 닫은 방문 너머로 장섭과 해순의 대화가 들려왔다.

"허, 쟤 왜 저래? 부모가 묻는데 대답도 안 하고. 건방지게 문이나 쾅쾅 처닫고."

"냅둬요, 사춘기잖아. 세라 밥 먹었어? 안 먹었으면 차려 주고."

대답을 하지 않자 해순은 세라의 방문을 열었다.

"세라야, 왜 말이 없어? 밥 먹었냐니까?"

세라는 해순을 똑바로 쳐다보며 내뱉었다.

"징그러, 진짜."

"너, 너 엄마한테 무슨 말버릇이야? 뭐가, 뭐가 그렇게 징그러워?"

"됐어. 나 돈이나 줘. 친구 생일 선물 사야 돼."

"학생이 무슨 입만 열면 돈, 돈, 돈타령이야. 얼마 전에 용돈 줬잖아."

"칠만 원으로 한 달을 어떻게 살아? 친구 생일 선물만 사도 삼만 원이야!"

"미쳤어, 미쳤어. 무슨 중학생들이 삼만 원짜리 선물을 주고 그래? 통도 크다. 말도 안 되는 소리 하지 마.”

"뭐가 말이 안 돼! 걔는 생일 파티를 베○건스에서 한단 말이야! 패밀리 레스토랑 못 가 본 거, 내 친구들 중에 나밖에 없어!"

"패…… 패 뭐? 레스토랑? 요즘 중학생은 레스토랑 다니니? 진짜 못된 것만 빨리 따라 하네. 공부 잘하는 애들을 그렇게 따라 해 봐라.”

"그럼 나도 걔네들 다니는 학원, 독서실 보내 주든가! 이딴 환경에서 공부를 어떻게 해!"

세라가 바닥에 던져 놓은 가방을 발로 차자 밖에서 듣고 있던 장섭이 뛰어 들어와 손가락으로 세라의 머리를 가볍게 쳤다.

"이거 진짜 못돼처먹었네. 누가 그렇게 말하라고 갈치든? 어디서 배운 버르장머리야? 여보, 세라 문짝 떼 버려. 이거 방에서 쓸데없는 짓 못 하게 감시해야 해. 하이고, 니가 돈 없어서 공부를 못 하냐? 학교 보내 주것다, 밥 먹여 주것다, 용돈 주것다, 지 방 있것다, 맘만 먹으면 할 수 있는 공부를 왜 못 해?"

장섭이 다시 한번 머리를 툭 치자 세라의 눈에서 눈물이 뚝 떨어졌다.

세라는 머리가 좋았다. 변변한 학원 하나 다니지 않고도, 하위권 친구들과 어울리면서도 늘 반에서 십 등 안에 들었다. 세라는 막연하게 공부라도 잘하지 않으면 이곳에 진창처럼 처박힐 것을 알았다. 세 살 많은 오빠 세호는 공업고등학교를 졸업한 뒤 동네 아는 형 밑에서 에어컨 설비 기술을 배우고 있었다. 장섭은 아들이 빨리 돈을 벌기를 바랐고 세호는 반항 한 번 없이 따랐다. 세라는 결코 그렇게 살지 않을 것이다. 드라마에 나오는 대학생처럼, 근사한 오피스텔에서 자취하고 명문 대학교에 다니며 유명한 거리를 걸어 다니는 모습을 떠올렸다.

하지만 세라의 수능 성적으로는 인서울 끝자락에 이름을 올린 사립 대학교가 최선이었다. 세라는 그것도 나쁘지 않다고 위안했다. 어차피 재수 따위는 꿈도 못 꿀 환경이었다. 하지만 세라의 부모는 생각이 달랐다. 명문 대학교도 아니고 장학금을 받는 것도 아닌데 비싼 학비를 낼 가치가 없다는 것이었다. 세라는 며칠을 울고 고집을 피운 끝에 수도권에 있는 삼 년제 대학교에 입학할 수 있었다. 취업이 잘되는 임상병리학과에 입학하는 조건이었다. 돈이 많이 드는 자취는 말도 꺼낼 수 없었다. 세라는 통학 네 시간 거리의, 고등학교와 별반 다르지 않은 건물의 대학교에 다니며 이를 악물었다.

가난한 집안에서 탈출하기 위해선 결혼이 유일한 답이다.

다행히 자신에게는 미모와 젊음이 있었지만, 어디서 돈이 많은 남자를 만나야 하는지 몰랐다. 이십 대 중반까지는 주말마다 강남의 유명 클럽을 찾았다. 세라는 술도, 춤도 관심 없었다. 오로지 남자들, 그중에서도 돈 많은 남자의 관심을 끌고 싶었다. 클럽 전광판에 이름을 띄우고 비싼 샴페인을 몇 병씩 터뜨리며 세라의 생일을 축하해 주는 남자도 있었지만 그뿐이었다. 낯선 호텔에서 화장이 뭉개진 채 눈을 뜰 때면 차가운 허무함이 밀려왔다.

모든 남자는 장사치다. 돈이 있는 남자일수록 노련하다. 그들은 빠르게 여자의 가격을 매기고 최대한 후려쳐 섹스한다. 술 냄새를 풍기며 옆에서 자는 남자는 아침에 보니 자신보다 열 살은 많아 보였다. 이렇게 못생기고 늙은 남자와 섹스하다니. 세라는 몸서리를 쳤다. 남자는 밤새 세라의 미모를 찬양하고 비싼 술을 연달아 시켰다. 불꽃이 번쩍이는 샴페인, 온몸을 울리는 음악, 뜨겁게 퍼지는 술기운, 사람들의 강렬한 환호 속에서 세라는 사랑 비슷한 감각을 느꼈다. 아니, 느꼈다고 생각했다. 물론 지금은 흔적도 없이 사라진 감정이었다.

세라의 시선을 느낀 남자가 힘겹게 눈을 떴다. 세라는 혐오스러운 표정을 감추려 애를 썼다.

"왜 일어났어? 더 자. 이따 나가기 전에 우리 한 번 더 해야지."

세라는 남자의 손이 닿기 전에 벌떡 일어났다.

"빨리 집에 가 봐야 해요. 원래 절대 외박이 안 되는데…….
지금 아빠가 너무 화나셨어요."

세라는 실망한 와중에도 곱게 자란 딸로 자신을 포장하려
들었다. 어쨌든 남자의 환심을 유지해서 나쁠 건 없다. 얼굴
은 못생겼지만, 돈이 많다면 사귀지 못할 것도 없다. 세라의
기대와 달리 남자는 흥미 잃은 표정으로 베개에 머리를 묻었
다.

"그래? 점심에 해장술이라도 같이 먹으려고 했는데. 근처
에 국물 죽여주는 집 있거든. 아쉽네. 다음에는 삼쏘 한잔하
자. 오빠가 연락할게."

'이 양아치 같은 새끼.'

세라는 속으로 욕을 퍼부었다. 사귀자는 말도, 선물도 없다.
남은 것은 지독한 숙취뿐이다. 그런 주제에 다음에는 삼겹살
에 소주로 섹스하려 들다니, 세라는 자신의 값어치가 어젯밤
보다 훨씬 떨어졌다는 것을 알았다. 세라는 신경질적인 손놀
림으로 바닥의 옷가지 사이에서 얇은 원피스를 건져 올렸다.
옷을 다 입었을 때 남자는 코를 골고 있었다.

세라는 엘리베이터에 타고 나서야 이곳이 포○즌스 호텔이
라는 것을 알았다. 일박에 육십만 원 이상은 하는 곳이다. 세

라의 마음이 조금 누그러졌다. 술에 취해도 5성급 호텔에 오는 것을 보면 한 번은 다시 만나 봐도 괜찮을지 모른다. 엘리베이터 문이 열리자 로비에서 고급스러운 향기가 풍겼다. 정중한 태도로 문을 열어 주는 호텔 도어맨의 시선에서 세라는 알 수 없는 수치심을 느꼈다. 세라는 스마트폰을 꺼내 남자의 이름을 '포○즌스 호텔'이라고 저장했다.

오세라의 관영고등학교 동창, 이아영의 증언

"세라요? 친하죠. 고등학교 때부터 지금까지 같은 동네 살면서 자주 봤고요. 지금은 저도 애 낳고 바빠서 못 보지만 어릴 땐 같이 자주 놀았어요. 지금은 인○타 댓글로나 안부 묻고 하죠. 세라 인○타 보셨어요? 팔로워 삼만 명이 넘잖아요. 항상 좋은 데 가고 명품 사고. 전 집에서 하루 종일 애나 보면서 찌들어 있는데, 다른 세상 사람 같아요. 오래된 친구라 예전 남자 친구도 서로 다 알아요. 세라 남자 친구요? 너무 많아서 누굴 얘기해야 할지……. 이쁘긴 이쁘잖아요. 손을 좀 대긴 했지만. 모르셨어요? 확실히 남자들은 잘 모르는구나. 코요. 딱 성형한 티 나지 않나? 눈도 아닌 척하지만 한 번 손본 것 같더라고요. 전 수술 전이 더 자연스럽고 예뻤던 것 같은데 본인이 만족하면 됐죠, 뭐. 세라 남친들은 수술한 거 전혀 모르는 것 같더라고요. 또 남자관계에 대해서 아는 거요?

세라, 남자 얼굴은 별로 안 봐요. 인기야 엄청 많았죠. 길거리 나가면 헌팅 엄청 당하고 클럽이라도 가면 남자들이 줄 서서 술 사 주고. 세라도 어릴 땐 그런 놈이랑 몇 번 만나기도 했는데, 이젠 나이도 있고 직장이나 이런 데서 소개로 만나는 거 같더라고요. 전 클럽에서 만난 남자랑 결혼했는데, 진짜 애만 아니었음 진작 이혼했죠. 세라 잘사는 거 보면 저도 뭐가 미쳐서 그런 놈이랑 결혼을 일찍 했을까 싶고……. 아, 세라 남친 물어보셨죠? 특징이라…… 아, 세라 남친 보면 다 차가 엄청 좋았어요. 저는 차 잘 몰라요. 비싸다고 해도 이게 뭔 차인지도 모르고. 근데 세라는 면허도 없는 게 차는 잘 알더라고요. 벤○도 뭐 등급이 있다던데, 그런 걸 줄줄 잘도 외우고. 하긴 걔가 학교 다닐 때도 공부도 꽤 하고 머리도 좋았어요. 그리고 자기는 비싼 차에서 딱 내릴 때 사람들이 쳐다보는 그 기분이 너무 좋대요. 그런 걸 뭐 하차감이라고 한다나?"

〇

"그럼…… 제 사진하고 영상도 보셨겠네요."

소희의 말에 유진은 놀랐지만 내색하지 않았다. 유진은 고개를 저었다. 소희는 믿지 않는 것 같았다. 유진은 준영의 스마트폰에서 인〇타그램 앱을 찾아 화면에 DM 창을 띄웠다. 유진은 화면을 소희 쪽으로 돌려 보여 주었다.

"아뇨, 솔직히 준영 씨를 찾을 정보가 있을까 해서 스마트폰을 뒤져 봤는데 소희 씨가 말하는 그런 사진이나 영상은 없더군요. 대신 이런 건 있었고요."

[오늘 11시 4명 예약. 초아, 수연, 아름이, 하나는 뉴페로 넣어 줘. 마인드 좋고 잘빠진 애로.]

[홍 부장, 저번에 걔는 진짜 마인드 개판이더라. 다시는 넣지 마.]

[내일 김 교수님 모시고 갈 거야. 글렌피딕 50년 2병 예약, 초아 풀로 묶어 두고.]

[2차 안 간다고 개기는 년들이 왤케 많아? 와꾸만 보지 말고 마인드 교육 좀 해.]

끝없이 이어지는 메시지를 읽던 소희가 스마트폰을 빼앗듯 잡아챘다. 직접 확인할 모양이었다. 유진은 속으로 다시 한숨을 쉬었다. DM 창을 보여 준 것으로 충분할 줄 알았는데. 갤러리를 빠르게 훑어보던 소희는 얼마 지나지 않아 우려하던 사진을 발견했다. 잠든 여자를 찍은 사진이었다. 새하얀 시트 위로 드러난 여자의 가슴은 물방울처럼 봉긋했다. 어둠 속에서 플래시를 터뜨려 찍었는지 코의 점까지 뚜렷하게 보였다. 가느다란 목에는 핑크색 클로버 목걸이가 걸려 있었다. 한참을 바라보던 소희는 결국 눈물을 떨궜다.

그리고는 곧 흐느꼈다. 유진은 생경한 기분이 들었다. 이처럼 날것의 감정을 본 것은 아주 오랜만이었다. 유진에게 삶이란 곧 연기였다. 관객이 한 명이라도 있다면, 쇼는 계속되어야 한다. 유진에게 세상은 무대였고 자신은 '유진'을 연기하는 배우였다. 유진은 깔끔하고 침착한 성격의 여성이다. 유진은 칠급 공무원이며 요리와 영화를 좋아한다. 유진은 혼자 살며…….

"……준영 씨랑 앞으로 어떻게 하실 거예요?"

생각이 끊겼다. 눈물을 훔친 소희의 얼굴에는 어떤 결심이 서려 있었다. 유진은 그것이 준영에 대한 것임을 알았다. 소희에게 자신은 아직도 연적인 것이다. 유진은 대답하지 않았다. 무대 뒤까지 보여 주면 쇼는 엉망이 되는 법이다.

"준영 씨, 누나랑 사이 참 좋아요. 그렇죠?"

느닷없는 소희의 질문에 유진은 작게 미간을 찌푸렸다. 고민하는 모습을 보여 주기 위해서였다. 사실 준영의 가족에 대해 아는 것이 거의 없었다.

지난주 유진은 준영의 집에 저녁 식사를 초대받았다. 준영의 부모뿐 아니라 누나와 그의 가족까지 함께하는 자리였다. 그날 들은 이야기를 떠올렸다. 보통 그런 걸 사이가 좋다고 하나?

유진은 자신의 가족과 비교해 보았다. 애나가 가장 중요하게 여기는 것은 남들의 시선이었다. 애나는 아빠의 가족, 아빠의 직원, 심지어 마트 직원에게까지 어떻게 보일지를 신경 썼다. 화장하지 않으면 집 앞에도 나가지 않았다. 가족 모임이 있으면 한 달 전부터 입고 갈 옷과 가방, 구두를 쇼핑했고 전날까지 뭘 입을지 고민했다. 그러고서 막상 약속 장소에는 깜박했다는 듯 느지막이 등장하곤 했다.

할머니의 환갑 모임이 있던 날이었다. 유진은 아픈 발가락을 꼬물거렸다. 한 달 전 엄마가 사 준 메리제인 구두는 처음 신어 봤을 때도 딱 맞았는데 이제는 작아서 발가락이 아팠다. 알밤처럼 단단해 보이는 밤색 가죽은 만지면 보들보들했다. 유진이 조심스럽게 가죽을 쓰다듬자 애나는 다정하게 수제화라고 알려 주었다. 한 달은 일곱 살에게 너무 긴 시간이다. 유진은 당장 새 구두를 신어 보고 싶었지만, 애나는 할머니 생신날까지 신으면 안 된다고 신신당부했다.

"미리 신었다가 구두 상하기라도 하면 어쩌려고. 굽 까지고 때 탄 신발 신은 여자처럼 싸 보이는 것도 없어."

평소와 다른 거친 말투에 유진은 겁을 먹고 눈치를 봤다. 애나는 이내 부드럽게 목소리를 누그러뜨렸다.

"유진아, 여자는 안 보이는 부분도 신경을 써야 하는 법이란다. 알았지? 구두는 엄마가 잘 보관해 뒀다가 그날 꺼내 줄게."

유진은 조용히 고개를 끄덕였다. 한 달 뒤 신은 구두는 발에 너무 꽉 꼈지만, 애나는 유진의 아픈 발가락이 아니라 엉뚱한 곳에 신경을 썼다.

"세상에, 한 달 사이에 벌써 이렇게 발이 크다니. 여자는 발이 너무 커도 흉한데, 더 클까 봐 걱정이다. 앞으로도 신발 너무 크게 신지 말고 딱 맞게 신어. 발가락 좀 아파도 참고."

"엄마, 다른 신발 신으면 안 돼?"

유진은 울상을 하고 드레스룸에 진열된 신발을 가리켰다. 애나는 단호하게 고개를 저었다.

"안 돼. 오늘 입을 옷하고 이게 제일 잘 어울리잖니. 또 다른 건 새 구두가 아니고. 어차피 가서 앉아만 있으면 되니까 잠시만 참아."

유진은 차라리 빨리 가서 앉아 있고 싶었다. 아침부터 부산

스레 유진을 씻기고 옷을 입힌 애나는 약속 시간이 가까워지자 머리가 풀렸네, 귀걸이가 과하네 하며 몇 번이고 화장대에 다시 앉았다. 결국 모임에 가장 늦게 도착한 것은 유진이네 가족이었다. 애나는 예약한 레스토랑 룸 입구에서부터 허리를 몇 번이고 숙였다.

"어머니, 죄송해요. 좋은 날 제가 너무 늦었죠. 애를 데리고 오다 보니……."

테이블 한가운데 앉은 할머니는 인사 대신 애나의 구두를 힐끗 쳐다보았다. 그리고 누구에게 하는지 모를 혼잣말을 중얼거렸다. 크진 않지만, 모두가 들을 수 있는 또렷한 목소리였다.

"저거, 유진이 에미 많이 얌전해졌구나. 처음에 문호가 색시 소개한다고 데려왔을 때 굽이 허옇게 까진 구두를 신고 와서 어찌나 놀랐던지. 미국서 왔다더니 어지간히 털털한 아가씨구나 했지. 그날 문호더러 백화점 가서 아가씨 구두나 한 켤레 선물하라고 용돈 줘서 보냈던 기억이 여직 생생하네. 그때 그 색시랑 결혼할 거라고 상상이나 했겠냐."

그 자리에 있던 모두가 크게 웃었다. 아빠마저도 쑥스러운 듯 미소를 지었다. 유진은 사람들이 무엇 때문에 웃는지 몰랐다. 엄마가 아프도록 손을 꽉 쥐어서 오히려 울고 싶은 기분이었다.

큰고모가 입만 활짝 벌려 미소를 지었다. 눈은 전혀 웃지 않아 어쩐지 징그러웠다.

"그러니까. 우리 엄마가 스튜어디스 며느리 볼 줄 누가 알았겠어. 올케 무슨 항공사였다 그랬지? 아메리칸…… 뭐더라?"

움츠러들었던 가슴이 활짝 펴졌다. 작년 미국 여행을 갔을 때 만난 승무원들은 하나같이 예쁘고 근사했다. 유진은 엄마가 승무원이었다는 사실이 자랑스러웠다. 애나는 유진에게 승무원 유니폼을 입고 찍은 사진을 보여 주었다. 노란 머리 외국인들 사이에서 유일하게 검은 머리를 한 엄마는 젊고 아름다웠다. 엄마랑 아빠가 여기서 만났단다. 애나는 유리창 뒤로 비친 거대한 비행기를 가리키며 꿈꾸듯 말했다. 유진이 비행기에 쓰여 있던 이름을 큰고모에게 말해 주려는 순간, 아빠가 먼저 입을 열었다.

'내가 말하고 싶었는데.'

"누님, 몇 번을 말해요. 이 사람 아○리칸항공 아니고 대○항공이에요. 퍼스트 클래스 전담 승무원으로 잠깐 일했어요. 미국에서만 살아서 한국 사회 경험차 한 거지요."

유진은 엄마를 올려다보았다. 애나가 뺨을 굳힌 채 어색한 미소를 지었다.

"네, 맞아요. 대○항공. 직원이 다 한국인이라서 국내 들어

올 때 도움 많이 받았죠."

유진은 신발을 내려다보았다. 밤톨처럼 은은한 광이 도는 구두는 엄마가 바랐던 것처럼 흠 하나 없이 여기까지 왔다. 유진은 아픈 발가락을 천천히 오므렸다. 아빠가 엄마를 위해 거짓말을 해 준 것처럼, 엄마가 기쁘다면 이런 건 몇 시간이고 참을 수 있다. 유진은 신난 아이처럼 달려 들어가 힘껏 팔을 뻗었다.

"할머니! 생신 축하드려요! 사랑해요!"

그때 할머니는 어떤 표정이었더라?

소희의 가느다란 목소리가 귓가에 들렸다.

"조카도 워낙 예뻐하고……. 그래서 준영 씨도 빨리 가족을 만들고 싶어 하더라고요."

의아해하는 유진의 표정을 본 소희의 얼굴에 작은 우월감이 희미하게 떠올랐다.

"준영 씨 콘돔 절대 안 쓰잖아요. 모르세요?"

유진은 담담하게 대꾸했다.

"몰랐어요. 같이 잔 적이 없어서."

준영뿐만 아니라 유진은 남자와 섹스해 본 적이 없었다. 서른이 넘자 사람들은 남자 친구의 유무와 관계없이 당연히 성경험이 있을 것이라고 여겼다. 유진도 그 생각을 군이 고치

92

려 들지 않았다. 유진이 원하는 것은 평범해 보이는 것이었다. 남들과 다르다는 것은 많은 이해와 용서와 설명이 필요하다.

유진은 엄마를 볼 때마다 유리로 만든 집이 떠올랐다. 반짝반짝 빛나는 아름다운 집. 낮에는 투명하게 보이지만 밤에는 아무것도 보이지 않는, 불 꺼진 유리 집. 유진은 가끔은 애나에게 소리를 지르고 싶었다. 아무도 우리를 보지 않는다고, 설사 본다고 해도 왜 상관없는 사람들을 신경써야 하냐고. 하지만 유진은 착한 딸이었다. 결국은, 아니 언제나 애나의 결정을 따랐다. 사람들의 웃음소리와 꽉 쥐던 손, 딱딱하게 굳던 뺨…… . 애나의 속상한 모습은 다시는 보고 싶지 않았다. 유진은 애나의 습관적으로 나온 행동, 말끝에 붙은 작은 한숨으로 기분을 알아채고 속상하게 만들지 않으려고 필사적으로 노력했다. 애나를 실망시키지 않기 위해선 많은 거짓말이 필요했다. 처음에는 사소했다. 깜박한 학원 숙제나 실수한 시험 결과 같은 것들을 숨겼고 나중에는 유진 스스로가 거짓말이 되었다.

유진의 첫사랑은 고등학교 일 학년 때였다. 학교 축제 무대에서 이 학년 선배에게 유진은 온통 시선을 빼앗겼다. 실력은 형편없는 힙합 동아리였다. 알아듣지 못할 가사를 웅얼거리는 네 명의 래퍼보다 뒤에서 춤을 추는 한 명이 분위기를 주도했다. 비트에 맞춰 가볍게 움직이는 몸짓이 혼자 클럽에 온 것처럼 자유로워 보였다. 큰 키에 마른 체형의 댄서는 어깨를 움츠리고 다니는 버릇이 있는지 헐렁한 티셔츠 위로 날개뼈가 두드러졌다. 때때로 모자를 벗고 습관처럼 짧은 머리를 쓸어 올렸는데, 그때마다 유난히 반듯한 이마와 시원한 콧대가 드러났다.

유진은 오래 망설이지 않았다. 모든 것이 눈부실 만큼 어리고 또 어리석은 나이였다. 유진의 서툰 고백에 선배는 가만히 얼굴을 붉혔다. 학원 수업을 빠지고 몰래 데이트를 하고 남들이 보지 않을 때면 손을 잡았다. 처음 입을 맞춘 날은 심장이 너무 크게 뛰어서 시끄러울 지경이었다. 여름 방학 보충수업이 끝난 학교는 조용했다. 교실에는 선배와 유진, 둘뿐이었다. 바람이 불자 잘 익은 과실의 달짝지근하면서 상큼한 향기가 풍겼다.

"벌써 금목서가 피었나 봐요. 아직 여름인데……."

선배가 얼굴을 조용히 붉혔다.

"내 향수야. 너 만나기 전에 뿌린 건데…… 너무 많이 뿌렸나?"

유진은 향기가 참 좋다고 말했다. 선배의 뺨이 다시 붉어졌다. 향기가 서서히 짙어지자 유진은 저도 모르게 눈을 감았다. 금목서의 꽃말이 머릿속을 맴돌았다. 당신의 마음을 끌고 싶어요. 선배의 짧은 머리카락이 뺨에 닿았다. 유진은 선배의 가느다란 어깨를 끌어당겼다. 입을 맞추는 동안 어디선가 새가 날갯짓하는 소리가 들렸다. 그게 누군가의 발소리라는 것을 알아챘어야 했다.

그 사건은 담임의 귀에까지 들어갔다. 단순한 이성 교제였다면 큰 문제가 되지 않았을 것이다. 하지만 유진이 다니는 학교는 명문 사립 여자 고등학교였다. 선생님의 호출을 받고 달려온 애나는 떨리는 손으로 유진의 뺨을 때렸다. 연달아 유진의 뺨을 내리치는 애나의 손을 담임이 말렸다.

"어머니, 진정하세요. 유진이랑 대화로 푸셔야죠."

애나는 아랑곳하지 않고 절규하듯 외쳤다.

"너…… 네가 어떻게 이럴 수가 있어! 엄마가 어떻게 얼굴을 들고 살라고!"

유진은 처음으로 애나가 체면을 내던지는 모습을 보았다. 마음속에서 반짝이는 유리가 소리를 내며 부서졌다. 유리 조각이 박힌 것처럼 심장이 아팠다. 그제야 눈물이 투둑투둑 떨어졌다. 유진은 천천히 애나에게 다가가 무릎을 꿇었다.

"엄마…… 잘못했어. 내가 잘못했어요."

유진은 그대로 학교를 자퇴했다. 부끄러워서도 무서워서도 아니었다. 공포에 질린 쪽은 오히려 애나였다. 교감과 담임에게 상당한 돈을 주었지만, 소문이 나는 것을 막을 수는 없었다. 애나는 유진을 세상에서 숨기기로 결정한 것 같았다. 모두가 잊을 때까지, 유진마저 잊힐 때까지.

유진은 스마트폰을 뺏겼고 인터넷마저 끊겼다. 혼자서는 집 밖에도 갈 수 없었다. 유진이 외출하는 것은 애나의 손에 이끌려 심리 상담을 받을 때뿐이었다. 애나는 병원에서 불면증 약을 처방받았다. 집에 돌아오면 애나는 이불을 뒤집어쓰고 누웠고 유진은 방안을 빙빙 돌았다. 그해 유진의 집에서는 소리가 사라졌다. 문호는 아무 일 없다는 듯 묵묵히 아침에 나갔다가 밤에 들어왔다. 초여름의 어느 날, 유진은 화장실에서 왼쪽 손목을 그었다.

상처는 깊지 않았다. 하지만 애나와 유진 사이의 골은 더욱 깊어졌다. 문호는 유진이 집을 떠나는 것이 낫다고 결정했다. 지금 당장 떠날 수 있는 곳, 동시에 유진을 아는 사람이 없는 곳이어야 했고 그렇게 그해가 끝나기 전에 유진은 호주로 떠났다.

애나와 문호의 바람대로 유진은 고등학교 친구들과 완전히 인연을 끊었다. 호주에서 시니어 하이스쿨을 졸업하고 주립대학교 회계학부에 입학했다. CPA AUSTRALIA 과정을 수료한 후에는 호주에서 일자리를 얻어 영주권을 딸 계획이었다. 제이를 만나기 전까지는 그랬다.

제이를 처음 본 건 여름 방학이 끝나고 열린 파티에서였다. 호주에서 만난 친구, 클로이는 유진을 억지로 끌어냈다.

"유진, 너는 좀더 사교적일 필요가 있어. 이제 호주 발음도 완벽하잖아? 너처럼 귀여운 애가 오면 다들 엄청 환영할 거야. 내 친구들은 좀 어둡거든. 좋게 말하면 예술적이고! 원래 아티스트는 고통과 슬픔이 있어야 하는 법이니까!"

클로이는 유진이 집을 구하기 전에 머무른 홈스테이 가정의 딸이었다. 타투이스트로 일하는 클로이는 유진이 떠난 후에도 연락하며 호주 생활을 도왔다. 도착한 파티 장소는 망하는 중인 건지, 개업을 준비 중인 건지 구분이 안 될 정도로 너저분한 클럽이었다. 유진은 바텐더에게 미도리 사워를 주문했다. 유진이 아는 몇 안 되는 술 중 가장 마시기 쉬운 술이었다. 바텐더는 익숙하게 레몬을 짜 넣으며 물었다.

"그럴 줄 알았어. 너 일본인이지?"

유진은 살짝 웃으며 고개를 저었다. 호주에서 만난 외국인은 늘 유진의 국적을 추측했다. 너 일본인이지? 아니야? 그럼 홍콩? 중국? 유진이 한국인임을 밝히면 열이면 열 모두 유진을 머리부터 발끝까지 훑으며 놀라워했다.

"너 같은 한국인은 처음 봤어!"

자신 같은 한국인이 무엇을 뜻하는지 몰랐지만, 유진은 항상 고개를 끄덕였다. 유진은 달콤한 멜론 향의 술을 머금고

춤추는 무리를 바라보았다. 피부를 캔버스 삼아 온갖 그림을 그린 사람들 사이에서 유독 눈에 띄는 여자가 있었다. 피부가 창백할 정도로 하얗고 깨끗했다. 짧은 머리와 큰 키 때문에 얼핏 보면 미소년으로도 보였다. 헐렁한 회색 후디 셔츠 아래로 날개뼈가 두드러진 마른 체형에 남색 반바지만 걸친 편안한 차림새였다. 길고 날씬한 팔다리 덕분에 스트릿 브랜드 모델 같은 자유로운 분위기를 풍겼다.

지루한 표정으로 포○스 병맥주를 마시던 여자는 유진과 눈이 마주치자 흰 치아를 드러내며 씩 웃었다. 텁텁한 클럽의 열기가 사라질 만큼 시원한 웃음이었다. 그럼에도 유진은 어쩐지 귓불이 달아올랐다. 유진의 옆에서 클로이가 크게 외쳤다.

"제이! 내가 귀여운 애 데려왔어. 너랑 같은 한국인이야!"

차가워 보이던 인상과 달리 제이는 친근하게 말을 걸었다. 제이와 유진이 한국어로 대화하자 클로이는 술이나 더 마시겠다며 자리를 떴다. 음악 소리가 너무 커서 바짝 붙어 이야기해야 했다. 유진은 자꾸 얼굴이 뜨거워져 술을 들이켰다.

"너 처음 본 사람들이 일본인인 줄 알지?"

유진은 자연스럽게 대답하려고 노력했다.

"응. 어떻게 알았어?"

제이는 유진의 귀에 바짝 대고 속삭였다.

"그거 칭찬이야."

유진은 미간을 살짝 찌푸리며 목청을 높여 물었다.

"왜?"

"여기 인종차별 완전 심해. 못 느꼈어? 하긴 너처럼 입고 다니는 애들은 다 일본인인 줄 아니까."

유진은 바보처럼 보이는 것을 알면서도 제이의 말을 반복했다.

"일본인?"

제이는 킥킥대고 웃었다.

"돈 많아 보인다는 뜻이야. 한국 애들도 웃긴 게, 일본인인 줄 알았다고 하면 좋아하고 중국인이냐고 물어보면 화내."

제이는 출입구를 가리켰다.

"나가서 얘기할래? 여기 너무 시끄럽지 않아?"

유진은 순순히 제이를 따라나섰다. 입구 근처에서 누군가 쪼그려 구역질하고 있었다. 눈이 반쯤 풀린 클로이였다. 제이와 유진을 알아본 클로이는 비틀거리며 다가왔다. 클로이의 눈 밑에는 마스카라가 짙게 번져 있었다.

"와우, 둘이 벌써 친해졌어? 우리 예쁘고 순진한 유진. 조심해. 제이는······."

제이는 클로이를 무시하고 유진에게 말을 건넸다.

"너 그럼 졸업하고 한국 가는 거야?"

"아니. 지금부터 CPA 준비해서 여기서 취직하려고."

잘난 척하는 것처럼 보일까 봐 유진은 얼른 덧붙였다.

"물론 합격하면 말이지만. 일단 지금 계획은 그래."

클로이가 혀 꼬인 발음으로 다시 끼어들었다.

"흥, 가난한 미술가랑은 결혼해도 회계사 와이프는 못 한다는 얘기가 있어. 더럽게 꼼꼼해서."

"그래? 난 하고 싶은데."

제이의 새카만 눈동자가 유진을 응시했다. 근처에 정원이라도 있는지 서늘한 밤공기 속에 달콤한 풀 내음이 느껴졌다. 아주 오랫동안 잊고 있던 향기가 날아왔다. 금목서가 피는 계절이었다.

강유진의 나리고등학교 동창, 박미연의 증언

"유진이요? 고등학교 동창이에요. 친구는 아니고. 연락 안한 지 오래됐거든요. 걔가 SNS 같은 거 하는 성격이 아니라서 어떻게 사는지 아는 사람도 없고. 뭐 잘살겠죠. 유진이가 왕따였다는 건 아니고요. 일 학년 말에 유학 갔어요, 사고 쳐서. 하긴 사고는 아니죠. 생기부에 남는 기록도 아니고. 그리고 유진이 같은 일이 원래 생각보다 많거든요. 유진이 엄마가 워낙 난리를 쳐서 그렇지 여고에서 드문 일도 아니에요. 지금도 점심시간에 구석진 곳 뒤져 보면 키스하고 있는 애들

서넛은 볼 수 있을걸요? 그런데 유진이 엄마가 얼마나 애를 쥐 잡듯이 잡던지, 저도 그날 교무실에서 봤는데 아휴, 제가 유진이라도 창피해서 자퇴했을 거예요. 그리고 바로 호주로 간 거죠. 어디로 갔는지 아무도 몰랐는데 제가 시드니 유학 가서 우연히 본 거예요. 정말 놀라긴 했죠. 울 학교에서 호주로 유학 가는 애 별로 없거든요. 메리트가 별로 없잖아요. 호주 발음이 구리기도 하고 학교도 별로 안 쳐주고. 보통 미국, 영국, 아니면 캐나다 가죠. 유진이 엄마가 호주 보낸 건 거기에 아는 애가 한 명도 없어서. 유진이 엄마는 아는 애라도 있으면 또 연애할까 봐 걱정한 것 같은데, 진짜 바보 같은 생각 아닌가요? 아는 사람이 없으면 맘 놓고 연애하죠! 게다가 호주라니, 호주에 게이가 얼마나 많은데요! 제 생각엔 유진이 엄마가 크게 실수하신 거예요. 한국에 가만 냅뒀으면 몇 번 그러다 말 애를 거기 보내서 오히려 골수 레즈로 만들어 놓으신 거죠. 특히 유진이같이 얌전하고 무슨 생각하는지 모르겠는 애들이 나중에 크게 사고 치잖아요. 호주에서 유진이가 누굴 사귀었냐고요? 그거야 모르죠. 시드니에서도 친하게는 안 지내서. 암튼 들리는 얘기론 저 들어오고 몇 년 뒤에 귀국했다고 하대요."

ｊ

　스마트폰 화면에는 세 통의 부재중 전화가 찍혀 있었다. 아
침 여덟 시부터 열 시까지 걸려 온 전화는 모두 선영이었다.
소희는 뻑뻑한 눈을 문지르며 통화 버튼을 눌렀다. 새벽까지
작업하는 날이 잦으니 오전에는 전화하지 말라고 여러 번 말
해도 선영은 늘 아침부터 연락했다. 매번 잊어버리는 건지,
애당초 귀담아듣지 않는 것인지 모를 노릇이었다.

　"너 왜 이렇게 전화가 안 돼?"

　"새벽까지 마감하고 아침에 잤어요. 무슨 일 있어요?"

　"일은 무슨. 딸 잘사나 걱정돼서 전화했지."

　수화기 너머로 어색한 정적이 흘렀다.

　"소희야, 미안하다. 혹시 여유 좀 있니?"

　"생활비 부족하세요? 진짜 무슨 일 있는 거면 솔직히 얘기
해 줘요. 어차피 해결할 사람은 나밖에 없잖아."

　"지희가…… 수술한다고 해서 돈 빌려줬어. 근데 지희도 요
새 좀 힘들어서 돈 갚기가 어려운 모양인데 지금 공과금을
내야 해서……."

　소희는 선영의 말을 황급히 끊었다. 얼마나 여윳돈을 마련

할 수 있을지 통장 잔고를 계산했다.

"지희? 지희 수술했어? 어디 다쳤어요? 사고야?"

"그건 아니고. 걔가 어릴 때부터 쌍꺼풀 수술 노래를 불렀잖니. 그런데 이번엔 어디서 안 좋은 소리라도 들었는지 못생겨서 결혼도 못 한다고 울고불고 밥도 안 먹는데……. 마음이 너무 아파서 네가 보내 준 생활비 썼어. 미안하다."

"쌍꺼풀요? 지금 공과금 낼 돈도 없는데 성형 수술을 했다고요?"

"소희야. 넌 예쁘게 태어났잖아. 지희, 너 때문에라도 마음고생 많이 했어. 나야 자식이니까 둘 다 예쁘고 귀엽지만 지희는 너랑 비교당하면서 늘 힘들어했다. 나는 엄마니까 알지. 네가 고생하는 건 알지만 지희가 이제 외모 때문에 스트레스는 그만 받았으면 했어. 너도 여유 없으면 됐다. 수연이 엄마한테 빌려 볼게."

"……됐어요. 그 아줌마한테 또 무슨 기분 나쁜 소릴 들으려고. 조금 여유 있으니까 오늘 보내 드릴게요."

"항상 너무 고맙다. 든든한 내 큰딸. 소희 너는 결혼 안 하니? 왜, 의사 애인 있다고 하지 않았어? 빨리 결혼해서 너도 편하게 살아."

소희는 사실 의사 사위의 돈이 필요한 것 아니냐는 말을 참았다. 물도 직접 끓여 마셔 가며 생활비를 아껴 온 것이 허

탈했다. 지희는 큰 사치를 부리진 않았지만, 남들이 하는 것은 꼭 하려 들었다. 이를테면 짧은 동남아 해외여행이나 명품 지갑 같은 것들. 차마 명품 백은 엄두도 내지 못하는 지희의 허세는 대단한 것이 아니었기에 소희는 지희가 때로 안쓰러웠다. 선영 몰래 카드값을 갚아 준 것도 수차례였다. 소희는 울컥 치솟는 화를 삼켰다. 새벽까지 일하는 것도 결국 두 사람을 책임지기 위해서다. 어차피 줄 돈이라면 마음 상하지 않고 보내 주는 것이 낫다.

어느새 준영 옆자리의 여자에 관한 생각은 지워졌다. 그 여자가 누나일 수도 있고 아니면 목걸이는 단순히 우연의 일치일 수도 있다. 길거리에도 클로버 모양 목걸이를 한 여자는 많았다. 돌이켜 보니 사소한 것에 많은 의미를 부여했다는 생각이 들었다. 중요한 것은 자신이 준영을 사랑하고 준영도 자신을 사랑한다는 것이다. 준영과 결혼하는 것, 그것은 선영보다 자신이 더 바라는 꿈이었다. 사랑하는 사람과 결혼하고 싶은 것은 당연하다. 소희는 경제적인 이유가 아니라 순수한 애정 때문에 자신이 준영과 결혼하고 싶은 것이라고 굳게 믿었다.

내일은 준영이 집에 오기로 한 날이다. 소희는 마감 시간에 맞춰 대형 마트에 갔다. 운 좋게 반값 세일하는 밀푀유나베 밀키트와 차돌박이 숙주볶음 밀키트를 건질 수 있었다. 생수 몇 병도 함께 계산했다. 소희는 비싼 가격에 비해 내용이 허술한 밀키트류의 요리를 좋아하지 않았다. 하지만 준영은 어쩐지 직접 한 요리보다 밀키트가 더 어울릴 것 같았다. 소희는 준영을 만나면서 스스로 변했다고 느꼈다. 예전에는 몰랐던 것이 신경쓰였고 당연했던 것이 부끄러웠다. 소희는 밀키트에 붙은 반값 세일 스티커를 자국이 남지 않도록 조심스럽게 뗐다. 그리고 잘 보이도록 생수와 함께 냉장고 앞쪽에 넣어 두었다. 소희는 정말 자신의 마음을 알 수가 없었다.

다음 날 준영이 왔을 때에는 살 때부터 시들시들했던 숙주가 물러 가고 있었다. 자신은 상관없었지만, 준영에게 이런 걸 먹일 수는 없었다. 소희가 허둥대며 숙주를 사 오려고 하자 준영은 자상하게 말했다.

"나가서 먹으면 되는데, 힘들게 뭐 하러. 이건 버리고 호요 가자. 문 열었을 시간이지?"

소희는 고개를 끄덕이면서 밀키트를 다시 냉장고에 넣었다. 준영이 간 뒤 자신의 식사가 될 것이다. 준영과 소희의 단골 이자카야인 호요는 양꼬치 가게가 태반인 이 동네에서 그나마 고급스러운 곳이었다. 소희는 어디서든 가장 좋은 것을 찾아내는 준영의 안목에 감탄했다. 늘 마시던 후쿠오카산 고구마 소주와 메로구이, 모둠 사시미를 주문한 준영은 장난스럽게 웃었다. 피부가 희고 오밀조밀한 이목구비의 준영은 소년스러운 매력이 있었다. 소희는 준영의 미소를 볼 때마다 여전히 가슴이 간질거렸다.

"왜? 무슨 좋은 일 있어?"

준영은 대답 대신 재킷 주머니에서 무언가를 꺼냈다. 클로버처럼 순한 연둣빛의 작은 상자였다. 소희의 눈이 커다랗게 떠지며 심장이 쿵쿵 뛰었다.

"그날 누나 것만 산 게 좀 미안해서. 소희 것도 같이 샀어야 했는데, 내가 그날 바빴잖아. 나중에 생각해 보니 소희 서운했을 것 같더라고. 마음에 들어야 할 텐데."

소희는 작게 떨리는 손으로 상자를 열었다. 손끝에 닿는 스웨이드 질감이 천사의 날개처럼 부드러웠다. 상자를 열자 흰색 자기 클로버 목걸이가 은은하게 반짝였다. 준영이 기대에 찬 목소리로 물었다.

"어때, 마음에 들어?"

소희는 상자를 열기 전부터 외치고 싶던 대답을 했다.

"너무너무 마음에 들어요. 너무 고맙고, 또 너무 예쁘고, 또……."

준영이 웃으며 파란색 뚜껑이 달린 흰색 플라스틱 약통을 건넸다. 작은 오렌지색 알약이 스무 개 남짓 들어 있었다.

"잠 잘 자게 도와주는 약이야. 새벽까지 마감하면 깊이 못 잔다며. 원래 사람 몸이 그래. 해가 지면 멜라토닌이라는 호

르몬이 나와서 잠이 들게 하고 아침이 되면 분비량이 줄어들어서 눈을 뜨게 만드는 거야. 가장 좋은 건 밤에 자고 아침에 일어나는 거지만 그게 안 될 때는 약의 도움을 받아도 괜찮아. 특히 이건 내성도 없고 몸에 남지도 않고, 안전한 수면제야. 아무래도 향정신성 약이니까 병원 가기 부담스러울 것 같아서 내 이름으로 처방받아 왔어."

소희는 너무 감격해서 약간 어지러울 정도였다. 미묘하게 서운한 마음을 알아채고 명품 선물을 사 온 배려심과 재력. 흘리듯이 말한 얘기까지 기억해서 약을 지어 온 정성과 의사라는 직업. 이걸 모두 갖춘 남자가 정말 내 남자 친구라니, 감정이 넘쳐 입 밖으로 말이 미끄러지듯 흘러나왔다.

"준영 씨, 정말 사랑해."

그날 소희는 술을 많이 마셨다. 술이 유난히 달고 시원했다. 준영과 함께 집에 돌아온 소희는 오랜 시간을 들여 씻었다. 평소에 바르지 않던 보디로션까지 구석구석 챙겨 발랐다. 준영이 자고 갈 때만 입는 시폰 슬립을 입고 침실에 들어서자 준영이 오렌지색 알약과 물컵을 건넸다.

"술 마셨는데 약 먹어도 괜찮아?"

"술 마셔도 괜찮은 약이야. 오늘 푹 잘 수 있나 내가 옆에서 봐야지. 안 맞을 수도 있거든."

소희는 물과 함께 약을 꿀꺽 삼켰다. 얼마 지나지 않아 나른한 고양감이 온몸을 감쌌다. 누워 있는데도 바닥으로 떨어지는 것 같은 아득한 감각이 밀려들었다. 몽롱해진 소희에게 준영은 '특별한' 제안을 했다. 딱 한 번만, 기념으로 간직하고 싶다고. 소희가 망설이자 준영은 눈썹을 축 늘어트렸다. 소희는 반쯤 감긴 눈으로 작게 고개를 끄덕였다. 약 기운이 퍼지며 머릿속의 경고등이 꺼졌다. 무엇을 해도 상관없을 것 같은 기분이 들었다.

준영은 능숙하게 소희의 슬립을 벗기고 스마트폰을 들었다. 조명이 눈부셔 소희는 눈을 감았다. 마음 한구석이 불편했지만, 그 기분을 눌렀다. 평범하게 시작했던 준영과의 섹스는 언젠가부터 아슬아슬하고 위험한 게임이 되고 있었다. 처음에는 콘돔 사용을 거절했고 두 번째에는 소희가 전혀 모르는 체위를 요구했다. 그리고 이제 섹스 동영상을 찍는 중이었다. 어차피 오늘이 아니었더라도 언젠가는 일어났을 일이라고 소희는 스스로를 납득시켰다. 준영은 원하는 것이 있으면 절대 포기하지 않았고 소희는 준영의 요구를 거절할 수 없었으니까.

한 손에 스마트폰을 든 준영은 다른 손으로 평소보다 더 느리고 부드럽게 소희를 쓰다듬었다. 저렇게 나를 사랑하는데, 나쁜 짓을 할 리가 없지. 안심이 되자 어쩐지 조금 더 달아오르는 기분이었다. 클로버 목걸이가 스마트폰 영상 속에서 하얇게 빛을 반사하며 천천히 흔들렸다.

신도림동 이자카야 '호요' 사장의 증언

"이 여자분요? 잘 압니다. 아, 물론 개인적으로 안다는 건 아니고 손님으로요. 술도 소주나 맥주 말고 일본 소주, 사케만 드셔서 서비스도 많이 드렸어요. 제가 이 년 전 장사 시작할 때부터 꾸준히 오시던 분이라 확실히 기억해요. 그때는 오픈빨이 끝나가는 시기라 손님이 별로 없었거든요. 혼자 오거나 다른 친구와 온 적은 없고 항상 남자 친구랑 같이 오셨습니다. 거의 주말에요. 여자 분이 키도 크고 미인이라 알바생들도 기억할 겁니다. 특히 여자 알바생들이 남자분을 굉장히 칭찬하고 그러더라고요. 여자 친구가 부럽다면서. 잘생기고 다정하다고 그러길래 성격을 어떻게 아느냐고 했더니 그렇게 선물을 자주 했답니다. 기념일도 아닌 것 같은데 그냥 주머니나 가방에서 뭘 쓱 꺼내서 선물하는 걸 여러 번 봤다네요. 저도 여자 분이 되게 크고 비싸 보이는 꽃다발을 들고 나가는 걸 본 적은 있어요. 싸운 적은 없냐고요? 저야 주방 아니면 카운터에 있으니 대화 내용이나 분위기 같은 건 잘 모르죠. 아무튼 계산은 늘 남자 분이 했습니다. 그러고 보니 요새는 통 본 적이 없네요. 헤어지셨나? 단골손님을 잃어서 아쉽네요. 매출 참 잘 나오는 테이블이었는데."

○

　세라는 무엇이든 빨랐다. 실패에서 배우는 것도, 미래를 계산하는 것도. 돈 많은 남자가 클럽에 많은 건 사실이지만 제대로 된 남자는 없었다. 세라는 클럽에 발을 끊고 취업에 나섰다. 아빠는 드디어 철이 들었다며 기뻐했다. 세라가 지원한 곳은 개인 병원 정직원이 아닌 대학병원 계약직이었다. 물고기가 많아야 대어를 낚을 확률도 높아질 테니까. 세라의 판단은 맞았다. 대학병원에서 사내 연애를 하는 사람은 의사든 간호사든 결혼 전까지 비밀 유지를 원한다. 의료계, 그중 대학병원은 특히나 폐쇄적인 사회다. 한번 공개 연애를 시작하면 헤어진 뒤 한 명이 퇴사하기 전까지 소문이 따라붙는다.

　세라는 입사 전에 성형 수술을 했다. 눈은 첫 번째, 코는 두 번째 수술이었고 곧 한 달쯤 휴가를 내 윤곽 수술을 할 계획이었다. 세라는 못생긴 사람들이 성형 미인을 욕하는 것을 보면 속으로 마음껏 비웃었다. 저들은 바보다. 돈으로 미모를 살 수 있는데 도대체 왜 안 사는 거지? 길거리에 떨어진 돈을 줍지 않는 것보다 더 멍청한 짓이다, 라면서.

성형은 가방이나 목걸이 같은 상품이다. 마음에 들지 않으면 다시 사면 된다. 눈이나 코는 유행에 따라 조금씩 손을 봐줘야 오히려 티가 나지 않는다. 심지어 성형을 자주 하는 사람 중에서는 성형 수술 티가 나는 것을 좋아하기도 한다. 성형은 비싼 상품이니까. 명품 로고가 크게 박힌 가방을 좋아하는 사람도 있는 법이다.

세라는 성형 수술이 부끄럽지는 않았지만 했다는 사실을 철저하게 숨겼다. 순전히 남자의 환상을 유지하기 위해서였다. 어떤 남자들은 여자가 성형했다는 사실을 알게 되면 마치 매독에 걸린 것처럼 반응했다. 여자의 가장 중요한 가치인 외모를 하늘에서 내려 주지 않았는데 감히 돈으로 얻었다는 게 신성 모독처럼 느껴지는 것인지도 모른다.

어쨌거나 세라는 쉬워서 좋다고 생각했다. 남자는 예쁜 여자만 좋아하니 고쳐서 예뻐지면 된다. 성형한 여자는 싫어하니 안 했다고 거짓말을 하면 된다. 세라가 아는 삶의 방식은 이것이 전부였다.

대학병원은 세라의 예상대로 최상의 낚시터였다. 평생 공부만 해 온 모범생들은 순진하기 짝이 없었다. 세라는 뒤에서 수많은 남자와 적당한 밀당을 펼친 뒤 조건이 좋은 순으로 가려냈다. 그중 하나가 준영이었다. 그리고 고심 끝에 한 명을 남자 친구로 선택했다. 세라보다 한 살 많은 소화기 레지던트, 최현성이다. 재력과 성격, 외모, 집안, 장래 비전까지 모두 고려한 결정이었다. 돈 많은 준영도 남자 친구 후보에 올렸지만 '의사 사모님'이라는 타이틀은 너무 유혹적이었다. 물론 준영과 현성을 비롯한 모든 남자와는 쌍방 합의하에 비밀 관계를 유지하고 있었다. 눈치 빠르고 기억력 좋은 세라는 양다리든 세 다리든 들키지 않을 자신이 있었다. 하지만 적당한 순간이 되면 다른 남자는 모두 정리하고 현성과의 연애 사실을 슬슬 흘릴 생각이다. 빼도 박도 못 하도록.

"세라 쌤, 약 가져왔어?"

샤워를 끝내고 머리를 말리던 준영이 문득 생각난 듯 물었다. 섹스 파트너가 된 준영은 자신에게 친한 의사 없느냐며 특정 수면제를 부탁했다. 물론 세라에게는 전혀 어려운 일이 아니었다. 다만 이 부탁이 꾸준히 이어지는 것이 의문이었다. 소문으로는 흉부외과 박수재 교수가 준영의 매형이라고 했다. 내과라도 향정신성 약을 처방할 수 있다. 자신에게 약을 처방해 준 것도 소화기 레지던트인 현성이니까.

"자기도 친한 교수 많잖아. 그런데 왜 나한테 부탁하는 거야?"

"그거 향정신성 약물이잖아. 나중에 혹시라도 불리한 기록 남기기 싫어."

세라는 일그러지는 입가를 숨겼다.

'그럼 나는 남아도 상관없다는 건가? 뭐 의사 사모님이 되면 일 따윈 안 할 거니까 상관없지만.'

세라는 이내 머리를 흔들어 찝찝한 기분을 지웠다. 준영은 후한 남자였고 부탁에는 반드시 대가를 치렀다. 불면증 약 따위, 얼마든지 대리로 처방받아도 남는 장사다.

"저녁이나 먹을까? 여기 프렌치 디너 괜찮더라. 와인도 한잔하고."

역시 준영은 버리기 아까운 파트너다. 세라는 생긋 웃으며 생각했다.

'결혼 확정될 때까지 너는 이 순위로 올려 둘게.'

우신대학병원 안지호 임상병리사의 증언

"오세라 씨 처음 입사했을 때 그야말로 센세이션했다고 해야 하나? 무슨 인○타에서나 보던 미인이 눈앞에 있는 겁니다. 저희는 주로 안에서 일하는데 세라 씨 얼굴 보려고 의국 쪽에서도 구경 오고 그랬으니까요. 눈치 빠르고 손 빠르고 사근사근하고, 거기다 집이 잘살아서 그런지 마음도 여유롭고. 보통 계약직은 마음이 초조하거든요. 원래 대학병원 임상병리실이 처음엔 계약직으로 뽑습니다. 몇 년 근무하다 운좋으면 정규직 되는 거지요. 대학병원급은 임상병리사 정규직이 정말 치열해요. 그런데 세라 쌤은 그런 건 초월한 것처럼 보였죠. 우리 연봉에는 엄두도 못 낼 명품도 턱턱 사고. 남친에게 선물 받았느냐고 물어보면 항상 집에서 주는 용돈으로 샀다고, 월급은 고대로 저축한다고 하더군요. 우리끼리 엄친딸이라고 그랬죠. 얼굴이나 집안이나 타고났다고 말입니다. 소문으로는 내과 레지던트와 사귄다는 얘기도 있던데다 예뻐서 나는 소문이죠. 그 소문이 난 게 아마 약제부인가? 내과에서 세라 쌤 이름으로 수면제가 꾸준히 나온다고 하던데 진짜인지 아닌지는 모르죠. 동명이인일 수도 있고. 아무리 직원이라고 해도 처방전 공개는 금지니까요. 내과에서 수면제가 나올 일이 거의 없는데 가끔 의사 본인이나 지인한테 처방하는 경우가 있거든요. 아무래도 정신과라는 게 일반인은 어려워하는 분위기가 있지 않습니까? 그러다 보니 내과 레지나 교수가 세라 쌤 부탁으로 처방해 준 게 아니냐, 이런 얘기가 나온 거죠. 어디까지나 소문입니다."

'이렇게 오래 만날 줄은 몰랐는데.'

준영은 손에 든 꽃다발을 쳐다보았다. 오늘은 소희와 만난지 일 년이 되는 날이다. 프랑스에서 유학했다는 플로리스트가 만든 꽃다발은 사십만 원이었다. 하지만 진짜 선물은 식사를 마치고 백화점에서 직접 고르게 할 생각이다. 화려한 꽃다발과 근사한 레스토랑, 명품 선물은 여자의 마음을 여는 치트 키다. 치트 키를 사용할 때는 돈을 아까워하지 않는다고 느끼게 하는 것이 중요하다. 준영에게는 너무나 쉽고 단순한 일이었다. 이런 준영을 아는 사람들은 그를 '금수저'라고 불렀다.

준영은 타고나길 공부 머리가 없었고 운동 신경이 둔했다. 그래도 사람들은 오로지 준영의 돈 얘기만 했다. 그것이 그의 가장 큰 특징인 것처럼. 돈 앞에서는 어떤 장점도 빛바랬고 모든 단점이 희미해졌다. 모든 것이 너무 자연스럽게 이뤄졌기에, 준영은 자신의 열등감을 인정하거나 극복할 기회를 얻지 못했다. 준성은 고액 과외를 받아도 오르지 않는 준영의 성적과 또래 남자보다 키가 작은 준영을 탐탁지 않게 여겼다. 준영은 준성에게 상처받을 때마다 그의 돈으로 수치심을 해소했다.

사실 준영은 자신을 금수저라고 하기에는 약간 부족하다고 생각했다. 뉴스에 등장하고 SNS 게시물까지 화제가 되는 이들, 그런 사람들이 진짜 금수저다. 아빠가 운영하는 JS메디컬은 업계에서 일, 이 위를 다투는 상장기업이었지만 일반인 중에서 그 이름을 아는 사람은 거의 없었다. 진짜 금수저란 이렇게 애매하지 않다. 업계에 종사하지 않아도 네○버, 카○오, 삼○전자를 모르는 사람은 없지 않은가.

준영은 만약 자신이 진짜 금수저였다면 아빠가 공부를 강요하지 않았을 거라고 생각했다. 금수저에게 학벌은 종잇조각만도 못한 것이다. 준성이 준영에게 의사가 되기를 강요한 표면적 이유는 회사 운영에 도움이 된다는 이유에서였고 실제로는 의사를 접대하며 쌓인 굴욕을 자식으로 풀고 싶은 것이 가장 컸다. 상고를 나와 자수성가한 준성에게 의사는 직업이 아니라 성공을 상징하는 하나의 계급이었다.

'재수없는 새끼들.'

준영은 의사를 생각할 때마다 속이 쓰렸다. 한때는 진지하게 의사가 되겠다고 결심한 적도 있었다. 나름대로 노력도 해 보았다. 그러나 의대는 노력으로 갈 수 있는 것이 아니었다. 일타강사의 일대일 수업을 받아도 도저히 이해되지 않았다. 애초에 꾸준히 노력할 의지조차 없었다. 준영은 부모 때문에 머리가 나쁘다고 생각했다.

준영의 의대 입학이 불가능하다는 것을 알게 된 시점부터 준성은 아들의 학업에 관심을 끊었다. 하지만 준영은 아빠를 실망하게 했다는 후회와 의사가 되고 싶다는 갈망으로, 성적에 맞춰 갈 수 있으면서 의료업계와 가장 가까운 학과에 진학했다. 삼 년제 대학교의 방사선학과였다. 그곳에서 준영은 전공 서적의 어려운 의학 용어를 익히며 쾌감을 느꼈다. 의학 논문을 찾아보고 약 성분을 암기하기 시작한 것도 그때부터였다. 졸업할 때쯤, 준영은 누군가 아프다고 하면 무슨 약을 먹어야 한다고 조언했다. 병원에서 처방전을 받으면 대체할 카피 약을 줄줄 외우며 의학적 지식을 자랑했다. 사람들, 특히 여자들은 준영이 의사라도 되는 것처럼 감탄을 남발했다. 준영은 의료인도 아닌 영업 사원이 대리 수술을 했다는 뉴스가 오르내릴 때마다 본인이 한 끗 차이로 의사가 되지 못한 것 같아 더욱 억울했다. 최신 논문을 읽고 의사 인터넷 커뮤니티에서 글을 쓰다 보면 자신과 의사가 별로 다른 것 같지도 않았다. 아니, 어떤 의사들은 면허만 땄을 뿐이지 아는 게 더 없는 것 같았다. 준영은 의학적 논쟁이나 이슈 외에도 의사의 삶 자체에 깊이 빠져들었다.

그 커뮤니티의 분위기는 의학적 정보와 자료를 다룬다는

점을 **빼면** 다른 커뮤니티와 비슷했다. 단지 모든 글의 글쓴이가 '의사'라고 가정하고 있다는 게 다른 점이었다. 남초 커뮤니티에서 빠지지 않는 '여자 스펙' 평가도 이곳에서는 기준이 훨씬 까다로웠다. 의사를 만나려는 여자는 집안과 미모를 모두 갖춤과 동시에 너무 바쁘지 않은 적당한 직업이 있어야 했다. 필라테스나 요가 강사는 특히 비선호 직업이었다. '꽃뱀'이 많으니 절대 만나지 말라는 썰이 커뮤니티 내에 정론처럼 퍼져 있었다.

'지랄도 염병. 실제로 보면 질질 쌀 것들이.'

실제로 필라테스, 폴 댄스 강사를 만나 본 적이 있는 준영은 코웃음을 쳤다. 꽃뱀은커녕 낮은 시급에 혹사당하는 프리랜서가 대부분이다. 진짜 조심해야 하는 여자들은 따로 있다. 돈 없는 의사라면 평생 볼 일도 없겠지만 바로 쩜오나 텐프로 같은 업소 여자다. 이들은 가끔 준영도 헛웃음 지을 정도로 통 크게 돈을 뜯었다. 물론 받은 만큼 서비스는 확실하다. 준영은 씀씀이가 좋은 손님이었지만 호구는 아니었으므로 응당 그만한 대가를 요구했다.

준영은 점차 '의사'의 관점에서 생각하고 평가하는 것이 익숙해졌다. 일억 원짜리 샴페인 세트나 프라이빗 풀 파티 인증샷 같은 것을 종종 올리는 준영의 아이디는 의료인 커뮤니티에서 네임드로 통했다. 평생 대접받는 것에 익숙한 준영이었지만, 의사 집단 사이에서 선망받는 대상이 되자 더 특별한 기분이 들었다. 자연스럽게 '우리'라는 단어를 쓸 때마다 일원이 된 것만 같았다.

그날도 그런 날이었다. 새벽까지 마신 술로 숙취가 심했다. 준영은 늘 가던 피부과를 찾아 숙취 해소에 좋다는 주사를 맞았다. 자리를 비운 실장 대신 신규 간호사가 준영을 담당했다. VIP 고객이라 긴장했는지 간호사는 준영의 혈관을 찾는 데 두 번이나 실패했다. 혀를 차던 준영은 무언가 떠오른 듯 팔뚝 사진을 찍었다. 피부에는 멍이 퍼렇게 번져 있었다. 준영은 커뮤니티 게시판에 사진을 올렸다.

[이번 신규 간호사, 주사 개같이 놓네 씨발. 요새 간호나 간조나 일 제대로 하는 년이 없어. 솔직히 다 내보내고 싶은데 우리가 주사는 잘 못 놓잖아.]

준영이 쓴 글 아래로 간호사와 간호조무사에 대해 불평하는 글이 이어졌다. 준영이 쓴 글은 항상 조회수가 높았다. 준영의 글에 달린 댓글 중 하나가 눈에 톡 띄었다.

[아닌데? 난 주사 존나 잘 놓는데? 의사 맞아?]

준영은 답글을 달던 손을 멈췄다. 동시에 글 하나가 더 올라왔다.

[진짜 의사 아닌 거 아냐? 아니면 존나 대박이겠다. 무슨 과인데 주사를 못 놓지?]

잠시 고민하던 준영은 빠르게 댓글을 썼다.

[카디오 펠로우 3년. 너는?]

곧바로 댓글 알람이 떴다.

[죄송합니다, 선배님.]

준영은 그 어느 때보다 가슴 벅찬 우월감을 느꼈다.

소희에게 접근한 것은 순전히 우연이었다. 아빠가 거래처를 초대하기 위해 주최한 파티는 너무 지루했다. 무엇보다 의사가 너무 많았다. 준영은 유리창에 비친 자신의 모습을 보았다. 매끈한 턱과 피부, 풍성한 머리칼 덕에 사람들은 대부분 준영의 나이를 적어도 다섯 살은 어리게 보았다. 준영은 늘 자신이 어려 보이는 이유가 얼굴과 몸매 덕분이라고 생각했다. 하지만 남자치고 작은 키 탓도 있을 것이다. 준영은 그 생각을 떨치기가 어려웠다. 그래도 현실에서는 키 작고 늙은 남자도 돈만 있으면 미인과 쉽게 사귈 수 있다. 외모보다 높은 가치는 재력이므로, 준영은 언제나 연애 시장의 승자였다.

여자를 명품관에 데려가는 일은 환심을 사기 위해서이기도 하지만 절반은 자신을 위한 것이었다. 매장에 여자를 데려가 선물을 고르게 할 때면 주변 사람들이나 명품관 직원들이 준영을 '진짜 성공한 남자'라는 시선으로 바라보았다. 특히 자신보다 키가 크고 외모가 뛰어난 여자를 데려갈 때면 더욱 그랬다. 여자들은 아마 이해하지 못할 것이다. 남자들 세계에서 '여자를 돈으로 꼬실 수 있는 남자'라는 말이 얼마나 극찬인지를.

그때 유리창을 보던 여자가 준영과 눈이 마주쳤다. 어색한 듯 살짝 웃는 모습에서 순진함이 묻어났다. 준영은 빠르게 여자의 몸을 훑었다. 앉아 있었지만 늘씬한 몸매임을 짐작할 수 있었다. 준영은 자신 있는 발걸음으로 여자에게 다가갔다. 화장과 헤어스타일, 의상이 모두 어색하게 겉돌아 촌스럽던 여자는 가까이에서 보자 생각보다 미인이었다. 준영이 만나는 여자는 모두 성형 수술을 했거나 적어도 전문가에게 피부와 머리를 관리받았다. 하지만 이 여자는 다듬어지지 않은 자연스러운 매력이 있었다.

"그런데 무슨 일 하세요? 기자신가요? 아니면……?"

준영은 씩 웃었다.

"의사요. 카디오… 아니, 심장내과예요."

허름한 빌라 앞에 주차한 준영은 405호 벨을 눌렀다. 꽃다발을 받아든 소희는 감동한 표정이었다.

"정말 너무 예쁘다. 이거 비싼 거 아니에요? 난 아무것도 준비 못 했는데 어쩌지?"

자신의 품에 안겨 향기를 맡는 소희의 얼굴을 보며 준영은 불현듯 자신이 의사가 아니라고 말하고 싶은 충동이 솟구쳤다. 오늘은 기념일이니까 진실을 고백하기에 딱 좋은 날이 될지도 모른다. 준영을 바라보는 소희의 갈색 눈동자에는 신뢰와 사랑이 가득했다. 진짜로 소희가 준영을 사랑한다면 직업 따위는 문제가 안 될 것이다. 문제는 자신이 사랑을 믿지 않는다는 점이지만.

  "점심은 마보로시에서 오마카세 먹자. 한 시로 예약해 뒀어."

  소희의 투명한 갈색 눈동자가 크게 벌어졌다.

  "거기 엄청 유명하던데~? 인○타에서 보니까 예약도 한 달에 한 번 열자마자 마감된다고 그러고. 준영 씨는 어떻게 예약했어요? 엄청 고생했겠네."

  준영은 소희의 평가가 내심 만족스러웠다. 소희는 유행하는 곳이나 명품 브랜드에 대해서 잘 안다. 선물하는 맛이 있는 여자다. 기껏 비싼 걸 해 줘도 아예 관심이 없거나 본인 능력이 좋아서 별것 아니라고 생각하면 맥이 빠진다. 이 정도가 딱 좋다. 자신이 살 수는 없지만 좋은 건 알아보는 여자.

  오마카세 스시 집인 마보로시는 준영이 투자한 레스토랑이었다. 한남동 목 좋은 곳에 자리를 잡고 미쉐린 등급을 받은 일본 스시 집 셰프를 섭외하는 데에는 적지 않은 돈이 들었다. 최고급 편백나무를 통으로 짜서 넣은 다찌*덕에 가게에서는 늘 상쾌한 편백나무 향기가 났다. 준영은 다찌에 붉은 얼룩이 남지 않도록 주류 리스트에서 레드 와인을 뺐다. 런치는 십오만 원, 디너는 삼십만 원으로 비싼 가격대였지만 소희가 알고 있는 대로 마보로시는 대박을 쳤다. 셰프를 유명 예능 프로그램에 출연시키고 연예인을 초대해 SNS에 인증샷을 올리게 한 덕분이었다. 여기에도 많은 돈이 들어갔지만, 조만간 투자금을 모두 회수할 수 있을 것 같았다.

준영의 만류에도 소희는 굳이 옷을 갈아입었다. 마보로시에 가려면 더 갖춰 입어야 한다는 것이었다. 준영은 갈아입으나 마나 별 차이 없는 싸구려 옷이라고 생각했지만 소희의 얼굴을 들여다보며 걱정스레 말했다.

"어제도 잘 못 잤어? 피곤해 보이네. 오늘 약 가져왔으니까 자기 전에 잊지 말고 꼭 먹어."

준영은 소희의 얼굴에서 감격을 넘어 존경하는 표정이 떠오르는 것을 놓치지 않았다. 성공한 의사 남자 친구를 바라보는 여자의 얼굴. 소희는 자신이 꿈꾸던 걸 이룬 것처럼 느끼게 해 줬다.

소희에게 준 로○제팜은 졸음 외에도 근육 이완과 진정, 최면 작용을 한다. 흔히 강간 약물로 불리는 로○프놀과 비슷

---

*다찌 : 일본식 스탠드바를 일컫는 말.

한 성분이다. 준영은 로○제팜 덕분에 만족스러운 영상과 사진을 건질 수 있었다. 물론 그 컬렉션에 소희만 있는 것은 아니었다.

명품관은 늘 그렇듯이 사람이 많았다. 백화점 VIP인 준영은 줄을 서지 않아도 입장할 수 있었지만 굳이 대기자 명단에 이름을 넣었다. 너무 쉽게 얻으면 여자들은 감동하지 않는다. 준영의 담당 셀러는 새로운 여자를 데려올 때마다 자연스럽게 준영을 처음 만난 손님인 양 대했다. 그 정도 눈치는 있어야 명품을 파는 법이다.

준영과 소희는 한 시간을 대기해 프○다 매장에 입장했다. 소희가 고른 가방은 이백구십만 원이었다. 소희는 첫 명품백이라며 소중하게 끌어안았다. 그리고 준영에게 기어코 재킷을 사서 선물했다. 가방의 삼 분의 일도 안 되는 가격이었다. 소희에게는 무리한 지출이었을 것이다. 소희가 직원에게 육개월 할부를 요청하는 것을 들으며 준영은 피식 웃었다. 그때 주머니 속의 핸드폰이 진동했다. 세라에게서 온 메시지였다.

[준영 쌤, 오늘 오프야? 보고 싶어.]

준영은 소희를 향해 눈썹을 축 늘어뜨렸다.

"이거 미안해서 어떡하지? 병원에서 콜 들어왔어."

소희는 한껏 아쉬운 표정으로 고개를 끄덕였다. 준영은 소희를 우신대학병원 앞에 내려 주었다. 병원 주차장으로 들어가며 사이드 미러로 보니 소희는 병원 건물을 눈부신 듯 올려다보고 있었다. 주차장에 차를 세운 준영은 쇼핑백에서 목걸이를 꺼낸 뒤 상자만 바지 주머니에 넣었다. 병원 복도에서 마주친 동료가 말을 건넸다.

"준영 쌤, 오늘 휴무 아니야?"

"두고 온 게 있어서요. 금방 다시 갈 거예요."

준영이 방사선실에 도착한 지 얼마 지나지 않아 분홍색 유니폼을 입은 여자가 문을 열고 들어왔다. 풍만한 가슴에 달린 명찰에는 '임상병리사 오세라'라고 쓰여 있었다. 준영은 주머니에서 상자를 꺼내 건넸다.

"이건 선물. 오늘 백화점 들른 김에 샀어."

"와우, 반○이네? 고마워."

세라는 무심하게 상자를 쓰레기통에 버리고 곧바로 목에 걸었다. 쇼핑백과 포장지 리본까지 소중하게 보관하는 소희와 전혀 다른 반응이지만 원래 세라는 그런 여자다. 당당하게 요구하고 대수롭지 않게 받는 여자.

"반○트리 예약해 뒀어. 저녁도 거기서 먹자."

"그거 떨어졌는데. 콘돔. 자기 일반 콘돔 못 쓰잖아."

준영은 씨익 웃었다.

"이제 그거 필요 없어."

우신대학병원 영상의학과, 김충현 방사선사의 증언

"준영 쌤? 곧 그만둘 거라던데? 있는 집 자식이 뭐하러 엑스레이 찍고 있겠어요? 부모님 사업 물려받기 전에 인맥 쌓는다고 온 게 뻔하죠. 올 때도 낙하산으로 왔고 지금도 주임 교수 몇 명 찍어서 꾸준히 접대한다는 거, 아는 사람은 눈치껏 알죠. 흉부외과 박 교수님이랑 가족이라는 소문도 있던데 그건 정확히 모르겠네요. 그거 말고 또 아는 거? 아, 준영 쌤 병원에서 일하기 힘든 체질이죠. 성격 말고, 체질. 라텍스 알레르기가 있어서 저번에 난리 난 적 있거든요. 병원 용품 중에 라텍스가 좀 많아요? 그래서 의료업계 종사자 중에 라텍스 알레르기 발병률이 유독 높아요. 근데 준영 쌤은 많이 심각한 수준이던데. 의사도 아니니 주의하면 라텍스 만질 일은 피할 수 있긴 하지만. 일에 지장 있다는 소리는 듣기 싫었는지 주변에 말하지 말라고 신신당부하더라고요. 항상 라텍스 프리 장갑을 갖고 다니면서 따로 써요. 참, 의료인은 타인의 병력을 공개하면 안 되는데. 이거 제가 말했다고 하지 마세요."

병원 바로 옆에 있는 스○벅스는 하루에도 두 번씩 오는 곳이다. 그렇지만 자꾸 생경한 기분이 들었다. 수재는 낮에 앉아서 커피를 마시는 게 처음이라는 것을 깨달았다. 수재는 혹시 아는 얼굴이라도 마주칠까 봐 신경이 쓰였다. 여자와 함께 있는 것을 누가 보기라도 하면 골치가 아프다. 화연은 수재의 초조한 마음을 아는지 모르는지 한참을 조용히 앉아 있었다.

"왜 그래? 바쁜 사람 갑자기 불러냈으면 말을 해. 나 빨리 들어가야 해."

생각보다 말이 더 차갑게 나왔다. 통 유리창을 통해 겨울 오후의 햇빛이 쏟아졌다. 화연의 얼굴을 자세히 뜯어보는 것은 정말 오랜만이었다. 햇빛 아래에서 보니 화장이 들뜬 것처럼 꺼칠한 피부가 거슬렸다. 소개팅에서 화연을 처음 만났을 때, 수재는 피부가 좋은 것 말고는 딱히 볼 만한 것이 없는 여자라고 생각했다. 지금은 그것마저 사라진 듯했다.

사실 수재는 결혼 정보 회사에 남들 몰래 상담을 받은 적이 있다. 결혼 시장에서 의사는 최상급 상품이었지만 수재의 조건을 말하면 한 등급 아래로 떨어졌다. 홀어머니에 시골 가난한 집안의 '개천용'은 의사 중에서 하자품이었다.

"아유, 고향이 서울만 되셔도 좋을 텐데. 홀어머니에 강원도 홍천…… 쪼금 아쉽긴 하지만 그래도 좋은 아가씨로 만나실 수 있을 거예요. 젊은 의사 선생님이시고 대학병원이니 직장 유망하시고 또 키도 크니 인물도 좋으시고. 그런데 어머닐 서울로 모시고 올 계획은 없으시죠? 남자 쪽 집이 서울, 분당만 벗어나도 일단 논외로 두자는 부모님들이 많아서요. 아무래도 돈 들여 결혼시키는 분들이니 같은 지역을 원하세요. 시집살이 당하게 두실 분들도 아니고요. 그래도 만나실 수 있는 아가씨는 많아요. 아주 까다롭게 보시지만 않으면요. 여자 쪽에서 작게 개원해 줄 수 있는 곳도 있는데 많지는 않죠. 대신 수도권 아파트 정도면 된다 하실 경우엔 정말 많이 만나 보실 수 있고요, 집도 필요 없다고 하실 경우엔 이십대 초반 아가씨 중에 미스코리아 출신도 소개해 드릴 수 있어요. 단정한 스타일 원하시면 아나운서도 괜찮고요. 당연히 성혼하실 때까지 매칭해 드리죠. 저희가 업계에서 회원 수가장 많이 보유한 곳이에요."

당시 인턴이었던 수재는 모멸감에 자리를 박차고 일어났다. 평생 우월감 속에 살던 수재에게 의사 타이틀을 팔아 처가 눈치를 보며 사는 것은 도저히 용납할 수 없었다. 심장 전

128

문의가 되면, 그리고 교수가 되어 명성을 얻으면, 그때 가서 자연스럽게 어울리는 여자를 만나리라고 결심했다. 연애를 한 번도 해 보지 않은 것은 아니었지만, 결혼을 생각해 본 적은 한 번도 없었다. 그래도 여자가 없지는 않아서 몇 번의 무의미한 만남을 가졌다. 화연은 가장 힘들 때 옆에 있어 준, 가장 마지막 여자였다.

"안녕하세요? 임화연이에요. 스물일곱 살, 지금 마케터로 일하고 있어요."

이름을 들어 본 것 같기도, 아닌 것 같기도 한 애매한 회사였다. 수재는 모든 게 애매한 여자라고 생각했다. 얼굴도, 나이도, 직업도. 화연은 부끄러운 듯 말을 덧붙였다.

"수재…… 오빠시죠? 오빠는 지금 우신대학병원에서 일하신다고 들었어요."

오빠라고 발음하는 화연의 뺨이 발그레하게 물들었다. 웃음이 많은 여자였다. 수재가 말을 할 때마다 웃었다. 웃을 때 반쯤 눈을 감는 모습이 귀여웠다. 메뉴를 고를 때도, 자리에 앉을 때도 수재의 의견을 물었다. 화연은 수재에게 가장 필요한 것을 가진 여자였다. 다정함과 배려. 당시 수재는 누군가 어깨만 두드려 줘도 눈물을 쏟을 정도로 피폐해져 있었다.

"육 주래."

화연이 가방 속에서 사진 한 장을 조심스럽게 꺼냈다. 아주 중요한 증거인 것처럼 손가락 끝으로 살짝 집어 든 초음파 사진에는 하얀 얼룩이 찍혀 있었다. 아주 작은, 하지만 인생에 남을 수도 있는 진한 얼룩이. 그제야 수재는 화연이 즐겨 마시던 커피 대신 유자차를 주문한 이유를 알았다. 화연이 고개를 들었다. 수재의 결정을 기다리는 듯한 강아지 같은 눈망울이었다. 수재는 화연의 소박한 차림새와 피곤한 얼굴, 소극적인 태도가 짜증스러웠다. 수재는 복잡한 표정을 지으며, 마음속으로는 명쾌한 결정을 내렸다. 너와는 이제 완전히 끝이다.

화연과 사귀는 사 년 동안 수재는 피임에 철저했다. 싸구려 모텔만 가도 콘돔이 비치되어 있는데 그걸 쓰지 않아서 미래를 망치는 일은 하고 싶지 않았다. 화연 같은 평범한 여자와 결혼해 그럭저럭 사는 것은 수재에게 참을 수 없는 일이었다. 수재는 화연과의 마지막 섹스를 떠올렸다. 화연이 혼자 사는 원룸에서 수재가 오랜만에 자고 갔던 날이다. 오랜만에 찾은 방에서는 그리운 냄새가 났다. 화연이 즐겨 쓰는 향수와 섬유 유연제, 그리고 갓 지은 따뜻한 집밥의 향기. 그때쯤 수재는 이미 애정이 식어 가고 있었지만, 그날만큼은 화연이 보고 싶은 엄마처럼, 오래된 아내처럼, 진짜 가족처럼 느껴졌다.

그날 밤, 화연과 나란히 누운 수재는 익숙하게 침대 옆 서랍을 열었다. 하지만 콘돔 상자가 비어 있었다. 생각해 보니 최근 일 년은 모텔에서 짧게 만난 것이 전부였다. 수재가 너무 바빴던 탓이다. 수재는 콘돔을 사러 나가야 하나 잠시 고민했다. 콘돔이 없어도 성욕은 해소할 수 있다. 화연은 수재가 콘돔을 사러 가기 귀찮다고 불평하면 손이나 입으로 해결해 주었다. 그런데 그날따라 화연이 수재의 손을 잡아끌었다.

"오빠, 그냥 해."

"뭐? 어떻게 그냥 해. 임신이라도 하면 어떡해?"

화연이 눈치 없이 굴자 수재는 거칠게 말했다. 평소처럼 끝내고 빨리 자고 싶었다.

"우리…… 오랜만이잖아. 나도 하고 싶어. 오늘 괜찮은 날이야. 얼른."

화연이 이렇게 적극적으로 나오는 일은 드물었다. 수재는 낯선 여자를 보는 것처럼 묘한 흥분이 들었다. 잠시 망설이던 수재는 바지를 내렸다. 그날 이후 오늘까지 수재는 화연과 점차 거리를 뒀다. 그사이 준영을 만났기 때문이었다.

아무런 대답이 없자 화연이 입을 열었다.

"오빠도 기억나지? 그날……."

"됐고, 육 주면 아직 초기야. 좋은 곳 알아봐 줄 테니까 이번 주 내로 해."

수재는 말을 잘랐다. 수재는 자신의 목소리가 생각보다 더 냉정하게 들려서 놀랐다. 임신한 화연에게도, 육 주밖에 안 된 생명체에게도 아무런 감정이 들지 않았다. 그날 괜찮다고 한 건 화연이다. 설사 자신이 우겨서 했더라도 애를 낳게 할 생각 따위는 결단코 없다. 수재는 올해 결혼할 계획이었다. 물론 화연은 모르는 사실이다. 그리고 누구도 화연에 대해서 몰라야 했다. 수재가 결혼할 여자는 JS메디컬의 장녀다. 평범한 집안의, 평범한 직장의, 평범한 외모의, 모든 것이 평범한 화연과는 비교도 안 되는 조건의 여자였다.

"오빠, 나 어머님도 모시고 살 수 있어. 어머님이 애 봐 주시면 일도 계속할 수 있고……."

작은 아파트에서 맞벌이를 하며, 집에 오면 아이를 씻기고 새벽같이 출근하고 대출을 조금씩 갚고……. 화연의 말에 수재는 자신의 미래가 너무 선명하게 펼쳐져 소름이 돋았다. 그런 궁상스러운 삶은 너나 가지라고! 수재는 고함을 치고 싶었지만, 꾹 참았다. 화연이 병원 앞에서 오열이라도 하면 큰일이다.

"화연아, 나 진짜 너무 바쁜 거 알잖아. 지금 결혼하면 죽도

밥도 안 돼."

화연이 눈물을 참으며 입술을 깨물었다.

"오빠 교수 되는 거 봐야지. 안 그래? 교수만 되면 수입도 그렇지만 시간도 훨씬 여유가 있어. 결혼식도 제대로 준비하고 아이도 같이 키워야지. 나 지금은 집에도 못 들어가는 거 알잖아. 울 엄마 본 지도 일 년이 넘었어."

수재는 평소에 잘 쓰지 않던 '오빠'라는 단어를 쓰며 화연을 달랬다. 교수가 되는 것, 그건 화연의 꿈이 아니라 자신의 꿈이었다. 그리고 결혼을 통해 그 꿈을 이룰 참이었다.

"오빠가 병원도 진짜 안전한 곳으로 책임지고 알아볼게. 병원비 걱정 같은 건 하지도 말고, 일단 화연이 너 몸만 생각해. 회사 좀 쉬어야 될 거 같으면 말하고. 생활비는 내가 줄 테니까."

화연이 희미하게 고개를 끄덕였다.

"……고마워, 오빠. 난 교수 아니어도 좋으니까 그냥 결혼했으면 좋겠어."

그래서 낙태를 한다는 건지, 안 한다는 건지. 화연의 애매한 말에 수재는 다그치고 싶은 마음을 누르고 대신 화연의 따뜻한 손을 꽉 잡았다.

"내가 늘 고맙지, 화연아. 그럼 병원 예약한다?"

준영이 자신의 누나를 소개하고 싶다는 말을 들었을 때만 해도 수재는 어이가 없었다. 얼마나 자신을 호구로 봤으면 방사선사까지 간을 보나 싶어 자괴감이 들 정도였다. 그러나 준영은 수재의 반응을 짐작했다는 듯 여유 있게 명함을 건넸다. 허준영이라는 이름이 새겨진 명함이지만 소속도, 직함도 수재가 아는 것이 아니었다. JS메디컬. 준영의 이름 앞에는 상무라고 쓰여 있었다.

"저희 아버지 회사라서요. 나중에는 제가 받을 거고요."

준영은 수재의 반응을 보며 슬쩍 웃었다.

"물론, 병원에는 비밀입니다."

수재는 홀린 듯이 명함을 바라보았다. JS메디컬은 간납사 중 일이 위를 다투는 중견 기업으로 한 해 매출만 천억 단위에 달했다. 옆에서 준영이 자신의 누나, 허준선을 설명했지만 귀에 들어오지 않았다. 손바닥 위에서 하얗게 빛나는 명함이 우중충한 미래에서 내려온 황금빛 동아줄처럼 보였다. 수재는 칠 개월 뒤, 준선과 결혼했다.

서둘러 한 결혼이었지만 어려운 것은 없었다. 특급 호텔의 웨딩홀 예약도 신혼살림을 차릴 아파트 리모델링 그 안을 최고급 혼수로 채우는 것도 놀라울 정도로 빨랐다. 그사이 수재의 중고 소○타는 페○리 로마로, 손목시계는 카○오에서 피○제로 바뀌었다. 딸의 결혼에 돈을 아끼지 않던 준선의 부모는 단 한 가지만은 크게 반대했는데, 그건 바로 수재의 어머니, 최옥례가 서울로 이사 오는 일이었다. 대신 사부인을 위해 강원도 홍천 시내의 신축 아파트를 선물했다. 옥례는 모든 친척을 새집에 초대한 후 아들 자랑을 하며 아쉬움을 풀었다.

결혼식은 수재가 기대했던 것보다 더 성대했다. 결혼식장 입구에서 수재는 유독 초라한 옥례와 자신의 하객이 신경쓰였지만, 입구에 줄줄이 세워지는 화환을 보자 가슴이 벅차 웃음을 참을 수 없었다. 화환의 리본에 새겨진 이름은 하나같이 자신을 교수로 만들기에 부족함이 없었다.

준선은 몸집이 작고 날씬해 나이에 비해 동안이었다. 수재는 준선이 자신보다 한 살 많은 것이 언제나 신경쓰였다. 결혼식 날에는 해외에서 직접 공수했다는 신상 드레스를 입고 신부 화장을 하니 평소보다 미인으로 보여 수재는 안도했다. 이 정도면 동료들에게 신부 외모로 무시당하지는 않을 것 같았다.

수재가 결혼식에서 가장 인상 깊게 기억한 것은 신부가 입장하던 순간도 유명한 가수가 부른 감미로운 축가도 아니었다. 바로 국회의원이 직접 참석해 축사를 해 준 것이었다. 옥례도 알 정도로 뉴스에 자주 등장하는 정치인이었다. 국회의원은 "신랑 신부가 서로 도우며 백년해로하길 바란다."며 뻔한 멘트를 남기고 서둘러 자리를 떴지만, 수재는 감격에 겨워 거의 눈물을 흘릴 뻔했다. 수재는 정말 오래오래 잘 살겠다고, 속으로 다짐하듯 읊조렸다.

박수재의 우신대학교 의예과 동기, 채광훈의 증언

"박수재, 그 새끼요? 재수없어서 손절한 지 꽤 됐어요. 학교 다닐 때부터 꼴같잖게 굴어도 그때는 어리고 친구니까 다들 참아 줬죠. 농어촌으로 들어온 거 뻔히 아는데 술만 마시면 전교 일 등밖에 안 했다고 잘난 척이고. 솔직히 우리 학교 의예과에서 전교 일 등 안 해 본 사람이 어디 있습니까? 하여간 눈치도 없고 돈도 없는 새끼가 자존심만 살아서는. 그래도 또 동기라고 힘들어할 때 술도 사 주고 여자도 소개해 주고 그랬는데 나중에 알고 보니까 이 새끼가 정리도 제대로 안 하고 몰래 결혼했더라고요. 나중에 그 사실 알고 동기들 사이에서 완전 쓰레기 새끼라고 소문이 파다했어요. 저요? 전성형외과예요. 집안이 다 의사라서, 할아버지 병원에 들어갔죠. 근데 이 새끼, 결혼식 초대도 안 하더니 저한테 한번 보자고 연락하대요? 그래서 이제 사람 좀 됐나 싶어서 나가 봤더니, 지 영업하던데요? 처가가 JS메디컬이라면서. 업계에서는 다 아는 간납 업체죠. 좋다, 이거예요. 그럼 영업하는 놈이 좀 굽히고 들어와야 될 거 아닙니까? 근데 무슨 지가 사장이라도 되는 것처럼 하는 꼬라지가 더 거만해졌길래 연락 끊었어요. 나중에 동기 모임 나가 보니까 개원한 애들한테는 다 한 번씩 연락 돌렸더라고요. 뭐 술 좀 받아먹고 기계 넣어 준 애도 있다던데, 자세히는 모릅니다. 가운 입자마자 결혼으로 팔자 고친 새끼니 집에서도 처가 눈치 보고 살겠죠. 부럽지 않냐고요? 전혀요. 저는 그렇게는 못 삽니다."

◊

"씨발."

세라는 작게 욕을 뱉었다. 아무리 욕을 해도 시원해지지 않았다. 평소에 갈 일 없는 흡연 구역을 지나간 것이 실수였다. 아니, 운이 좋았던 것일지도 모른다. 그 새끼의 진짜 마음을 알 수 있었으니까.

"야, 너 새끼! 진짜 세라 쌤이랑 사귀냐? 구라 아냐?"

"세라 쌤이 뭐가 아쉬워서 너 같은 새끼를 만나. 당연히 구라지."

병원 뒤쪽의 후미진 구역은 레지던트나 펠로우가 가는 비공식 흡연 구역이었다. 세라는 자신의 이름이 나오자 발을 멈췄다.

'그래, 나를 만나는 게 영광이긴 하지. 근데 벌써 공개해야 하나? 아, 임상병리실 선배들 텃세 장난 아닐 것 같은데.'

현성의 익숙한 목소리가 들렸다. 평소의 다정한 남자 친구가 아닌, 허세 가득한 수컷의 말투였다.

"잠깐 만나는 거지. 어디 가서 말하지 마라. 앞길 막히니까."

"하긴, 병리사랑 결혼할 것도 아닌데 소문나면 곤란하지."

"그래도 얼굴이랑 몸매는 장난 아니잖아. 집도 잘산다던데 결혼 못 할 건 뭐냐. 병원 때려치우고 예비 장모한테 의원 하나 시원하게 내 달라고 해."

"이 새끼는 눈치가 없어. 진짜 잘살면 딸내미를 임상병리사 돌리고 있겠냐? 난 그냥 명품에 월급 꼬라박는 된장녀에 한 표 건다."

"현성이 형, 진짜예요?"

"뭐가?"

"세라 쌤 꽃뱀이에요? 의사 꼬셔서 팔자 펴려는?"

"나도 몰라, 새끼야. 암튼 그냥 엔조이니까 소문이나 내지 마. 결혼은 집에서 소개시켜 주는 여자랑 해야지. 아님 결정사에 등록하든가."

"하긴 결혼 정보 회사 통하는 게 급이 맞긴 하죠. 뭐 하러 좆 빠지게 공부했는데."

세라는 황급히 자리를 떴다. 발소리를 죽이는 것은 잊지 않았다. 눈물이 멈추지 않았다. 세라는 속으로 끊임없이 되물었다.

'내가 그 자식을 진짜 사랑했나?'

그랬다. 조건을 따지긴 했지만, 감정까지 없던 건 아니었다. 아니다. 아닌 것 같다. 이건 분노의 눈물이다. 나를 기만한 놈에 대한. 세라는 화장실 거울을 응시하며 자신을 합리화했다. 스마트폰을 꺼내 메시지를 보낸 뒤 페이퍼 타월로 눈물을 조심스레 닦았다. 화장이 지워지지 않도록. 스마트폰이 울렸다. 답장을 본 세라는 페이퍼 타월을 구겨 쓰레기통에 버렸다. 현성에 대한 미련도 함께.

 [준영 쌤, 오늘 오프야? 보고 싶어.]

 [지금 백화점. 자기 선물 기대해. 한 시간 안에 갈게.]

준성은 잡지를 구겨 던졌다. 『월간 닥터스』. 달 광고를 싣는 곳이다. 광고는 가장 비싼 자리에 배치됐다. 표지 바로 뒷면이다. 준성은 광고를 확인하고 빠르게 기사를 넘겼다. 그중 특집 기사가 준성의 눈길을 끌었다.

'공동활용병상제' 폐지를 반대하는 의사들······.

몇 년 전부터 들썩이던 정책이 내년부터 시행된다는 기사였다. 잡지를 책상에 던진 준성은 세게 혀를 찼다. JS메디컬에도 적지 않은 타격이었다. JS메디컬은 MRI, CT 같은 특수 의료 장비를 비롯해 수술용 솜, 실, 바늘까지 의료 소모품을 납품하는 간접 납품 업체다. 간접 납품 업체는 의료 기기 제조 업체와 병의원 사이의 중개인이다. 거의 모든 병의원은 간접 납품 업체, 즉 간납사를 끼고 운영하기 때문에 제조 업체나 대리점에게는 간납사가 곧 갑이나 마찬가지다.

병의원을 앞장세워 간납사는 제조 업체에 횡포에 가까운 요구를 할 수 있다. 대리점을 건너뛰고 중개 수수료를 받기도 하고 대금 지불을 몇 년씩 미루는 건 예사다. 의료 장비는 고가인데다 다른 곳에 팔 수 있는 상품도 아니다. 자금 확보에 드는 비용 부담을 의료 기기 업체에 넘길 수 있는 것이다. 또 지불 전에 장비를 요청하는 '선납'도 가능하다. 병의원은 계약 없이 제품을 사용해 볼 수 있고 사용 기한을 넘기면 새 제품으로 요구하기도 한다. 간납사의 갑은 물론 병의원이다. 종합병원의 교수나 병의원 원장에게 적게는 몇천만 원, 많게는 수십억 원에 달하는 리베이트를 제공한다. 그게 가능한 이유는 애당초 납품가에 리베이트 비용이 포함되어 있기 때문이다.

준성이 아는 어떤 원장은 직접 간납사를 운영했다. 의료 기기, 의약품, 소모품 단가를 높여 자신이 운영하는 병원에 납품하고 그 높인 금액만큼 비급여 진료는 환자에게, 급여 진료는 건강보험공단에 청구한다. 그야말로 마르지 않는 비자금 창구다. 골프를 칠 때마다 병원보다 수익이 좋아 사업가로 전향해야 할 것 같다며 기름기 낀 얼굴로 웃었다. 준성은 그 소리를 들을 때마다 속이 쓰렸다. 아들놈이 공부만 잘했으면 자신도 병의원을 차렸을 것이다.

하지만 아들이 의사에 실패한 이상, 사위 명의로 병원을 내줄 수는 없었다. 의사들은 결코 만족할 줄을 몰랐다. 처가 돈으로 공부하고 집을 사고 병원을 차린 주제에 병원장 자리에 앉으면 바람을 피우고 돈을 착복하고 뒷돈을 받는다. 백 명 중 아흔아홉 명은 그랬다. 사위인 수재도 몇 년째 준영을 돕는 모양이지만, 자기 명의의 병원이 생기면 마음이 변할 게 뻔하다. 특히 준성이 보기에 딸 준선은 남자 마음을 사로잡는 재주가 영 없어 보였다.

'여자란 꾸미기도 하고 좀 영악한 면도 있어야 남자를 쥐락펴락하는 법인데. 얘는 순진해 가지고 살림이나 할 줄 알지 원. 지 엄마보다 외모에 관심이 없으니⋯⋯.'

고민하던 준성은 준영이 소개받은 여자를 떠올렸다. 이름이 유진이라고 했지. 세무사에게 지나가듯 말한 것인데, 맞춘 듯이 원하는 조건의 며느릿감이 나타났다. 직업은 세무직 칠급 공무원이긴 해도 그보다 중요한 건 강앤리 로펌 대표의 외동딸이라는 점이다.

준영이가 결혼하면 병의원을 하나 내도 괜찮을 것 같았다. 유진에게 원무를 맡기면 수재가 빼돌리기는 어려울 테니까. 며느리와 사위는 피 한 방울 섞이지 않은 남인 동시에 JS메디컬 재산을 나눠 가질 가족이다. 같이 비리를 만들고 서로 견제하기에 딱 좋다. 준성은 스마트폰을 꺼내 전화를 걸었다. 시간이 늦었지만, 준영이 아직 잘 것 같지는 않았다. 노는 것도 술 마시는 것도 좋아하는 아이다. 결혼하면 철 좀 들겠지. 준영이 전화를 받았다. 술을 마셨는지 약간 발음이 뭉개졌다.

"네, 아버지."

"지금 통화 가능하냐?"

"네. 말씀하세요. 무슨 일 있어요?"

"유진이라는 아가씨 말이다. 요새도 만나고 있지?"

수화기 건너편에서 준영이 숨을 멈추는 것이 느껴졌다. 이내 아무 일 없다는 듯 평소의 목소리로 준영이 대답했다.

"네, 그럼요. 그건 왜 물으세요?"

"다음 달 중으로 집에 한번 오라고 해. 다 같이 저녁 먹게."

"벌써요? 아직 만난 지 두 달밖에 안 됐는데요."

"어차피 할 거 오래 만나서 끌 거 없다. 올해 안에 날짜 잡자."

준영의 머뭇거리는 기색이 느껴졌다.

"올해요? 이제 여름인데…… 올해는 너무 빠르지 않을까요? 여자는 준비할 것도 많고 그렇잖아요."

"시간은 그 정도면 충분해. 준선이 때도 비슷했어. 그리고 너, 삼성동에 확보할 수 있는 베드 몇 개나 되냐?"

"지금 당장은 한 백오십 이상은 돼요. 어디 판매하시게요?"

"올해 안에 공동활용병상제 폐지되는 거 알지?"

"네. 그래서 내달 안에 베드당 천오백 정도에 정리하려고 하는데요."

"그러지 말고 삼성동에 적당한 병원 찾아서 인수해라. 베드 오십 개 정도, 병원급으로. 공용병상으로 이백 개 맞춰서

MRI, CT 장비 들여놓고 과는 흉부, 척추, 재활 이렇게 하자. 정상 운영은 좀 늦어도 되니 올해 가기 전에 허가받아."

"그렇게 급하게요? 규모도 작지 않은데, 원장은 누구 생각해 두신 게 있으세요?"

"니 매형 있지 않냐. 수재가 해야지."

"왜……."

준성은 곧바로 터져 나오는 아들의 불만을 막았다.

"운영은 준영이 네가 하고 원무는 네 와이프가 보면 새는 돈 없이 잘되겠지. 세금 문제도 장인어른이 많이 도와주실 거고."

준영은 말이 없었다.

"공용병상제도 폐지되면 개원 부담이 너무 커져. 너도 알지? 기존 병원 인수하면 리모델링 오래 걸리지 않으니 최대한 빨리 찾아봐. 장비 매출이 줄어들 테니 병원에서 메꿔야지."

오래지 않아 준영이 대답했다.

"네, 아버지. 오늘 유진 씨 만나서 얘기할게요."

◊

　준영은 전화를 끊었다. 과장스럽게 입을 손으로 막고 눈치를 보던 초아가 눈웃음을 쳤다.

　"오빠, 병원 차려? 멋지다! 무슨 병원이에요?"

　준영은 옆에 앉은 초아를 돌아보았다. 준영의 전화가 울리자 자연스럽게 사람들을 조용히 시킨 것도 전화로 끊어진 흐름을 띄우는 것도 능숙했다. 오랫동안 파트너로 지명해 온 초아는 준영의 취향에 여러모로 잘 맞았다. 키가 크고 몸매가 좋은 것도, 눈치가 빠르고 애교스러운 것도. 하지만 이제 너무 나이가 들었다.

　오늘 초이스를 가장 먼저 한 사람은 상석에 앉은 우신대학병원 황윤식 내과장이다. 이런 접대에 익숙한 윤식은 에이스 중에서도 가장 눈에 띄는 아가씨를 단번에 골랐다. 가슴이 크고 유독 허리가 가늘어 군침이 도는 여자였다. 준영은 아쉬운 대로 초아의 허리를 더듬으며 대꾸했다.

　"응. 오빠 병원 차리면 건강 검진 하러 와. 이백만 원짜리로 전신 싹 해 줄 테니까."

　"꺅! 너무 좋아!"

초아는 아양을 부리며 준영의 팔뚝에 달라붙었다. 건너편에 앉은 수재가 흥분한 기색으로 달려들듯 물었다.

"처남, 아버님이 병원 말씀하시던가? 위치는 어디? 무슨 과를 넣기로 했나?"

윤식이 반쯤 취한 눈으로 수재를 응시했다.

"아이고, 그럼 우리 박 교수님 이제 박 원장님 되시는 건가? 축하드립니다! 한 잔 받으시죠."

수재가 엉거주춤하게 팔을 뻗어 술잔을 내밀었다. 입가에 숨길 수 없는 기쁨이 번졌다. 준영은 속이 뒤틀렸다. 애당초 헛된 욕심은 싹을 잘라 둬야 쓸데없는 미련을 갖지 않는다.

"네, 뭐 형님은 원장 자리 이름만 올려 두시고요. 페이 닥터 구해서 꾸릴 테니까 뭐 신경쓰실 것 없습니다. 제가 알아서 할게요. 올해까지 사표만 써 두세요."

"내 병원에 어떻게 신경을 안 쓰나? 올해라고 했지? 너무 급한데……. 일단 원장님께는……."

준영은 큰소리로 비꼬듯 말했다.

"형님, 내 병원이요? 그게 왜 형님 병원이에요? 이름만 넣어 드린다고요, 이름만. 운영은 제가 할 겁니다. 제 여자 친구 국세청 직원인 건 아시죠? 장인어른은 세무 전문 로펌 운영하시고. 결혼하면 와이프가 원무 전담할 테니 우리 원장님은 진료만 보세요."

분위기가 싸늘해졌다. 초아가 얼른 화제를 돌렸다. 이 자리에 있는 모두가 대화에 참여할 수 있고 남자들이 아는 척할 수 있는 주제로. 역시 이 바닥에서 오래 구른 여자다.

"오빠, 근데 아까 베드 얘기는 뭐야? 오빠 침대도 잘 알아요?"

준영은 초아의 노력이 귀엽다는 듯 머리를 쓰다듬었다.

"애기야, 그 베드가 아니라 병원 침대 얘기하는 거야. 병상 개수."

윤식이 끼어들었다.

"공용병상활용제도 폐지, 그거 때문에 JS메디컬도 걱정이 많으시죠? 저희 같은 종합병원이야 상관없지만 이제 개업하려는 젊은 친구들은 어쩌라는 건지……. 문제가 참 많은 정책이에요."

윤식은 아랫사람을 험하게 굴리기로 유명했다. 압박을 견디다 못해 개업을 선택하는 레지던트나 펠로우가 매년 쏟아졌다. 그런 사람이 후배 걱정하는 꼴이라니, 준영은 웃음이 나올 뻔한 것을 간신히 참았다. 윤식의 술잔을 채우던 여자가 귀여운 목소리로 질문했다.

"공용병상……? 그게 뭐예요, 오빠?"

윤식은 여자에게 잘난 척할 기회가 생겨 신난 듯 떠들었다.

"너 MRI 찍어 본 적 있지?"

"당근이죵. 저번에 술 먹고 자빠져서 머리에 이만한 혹이 생겼지 뭐예요. 그래서……."

"그래, 찍으러 간 그 병원. 입원할 수 있는 환자, 그러니까 침대 개수가 몇 개나 됐냐?"

"글쎄……. 다 본 건 아니라서 정확히는 모르지만 사 층 건물이었으니까 오십 개쯤?"

"오십 개는 무슨, 사 층이면 총 삼십 병상도 안 될 거다. 근데 법적으로 MRI를 설치하려면 침대가 이백 개 넘어야 돼."

"엥? 그럼 제가 찍은 덴 불법이에요?"

"아니, 다 방법이 있지. MRI 한번 찍자고 대학병원 가는 사람 몇이나 되겠냐? 일차 의료 기관은 어차피 규모가 고만고만해. 그러니까 같은 동네 병원끼리 이백 개를 모아서 신청하는 거야. 우리 침대 같이 쓸게요! 이렇게. 그게 공용병상활용제도야. 자, 문제! 그럼 이제 막 개원하려는 베드 열 개짜리 내과는 MRI를 어떻게 설치할 수 있을까?"

"방금 말씀하신 거 아니에요? 같은 동네끼리 모아서……."

"이미 다 지들끼리 편을 먹어서 들어갈 곳이 없으면?"

"그럼 못 넣는 거죠……."

윤식은 뭐가 웃긴지 크게 웃었다.

"그렇게 장사하면 망하지, 이년아! 개원하는 데 드는 돈이 얼만데!"

여자는 도톰한 입술을 뿌루퉁하게 내밀고 말했다.

"그럼 어쩌란 거예요! 내가 의사야?"

준영은 거드름을 피우며 느긋하게 말했다.

"그때 오빠가 필요한 거지. 아까 오빠가 말했지? 삼성동에만 베드 백오십 개 확보했다고. 부족한 베드 개수만큼 사면 돼. 지금 시세로는 베드당 천만 원이고. 백 개 필요하면? 십억이 필요하지. MRI 설치 비용만큼 들어가는 거야."

진심으로 놀란 듯 윤식이 감탄사를 내뱉었다.

"어휴, 천만 원이요? 이 년 전만 해도 삼백이었는데 진짜 많이 올랐네요."

"공용병상활용제도 폐지 직전이니까요. 요 몇 달 사이 많이 뛰었죠. 올해 말에는 천오백까지 가지 않을까요?"

초아가 한마디 거들었다.

"오빠, 그럼 빈방에 침대 막 쌓아 놓고 이백 베드? 그렇게 말하면 되잖아요."

"너네는 어쩜 그렇게 다 머리가 빠가사리냐. 의료법이라는 게, 그렇게 허술한 게 아니에요. 입원실 면적, 병상 간 거리, 이런 게 다 정해져 있어. 그러니까 베드를 사고파는 거지."

남자와 여자들이 신이 나서 대화하는 동안 수재는 기분이 상한 듯 홀로 연거푸 술을 들이켰다. 옆에 앉은 여자는 초짜인지 수재의 눈치를 보며 안절부절못했다. 파트너가 기분이

상했으면 아양도 떨고 스킨십도 하면서 기분을 풀어 주는 게 기본 마인드다. 여자를 초이스하는 취향도 꼭 수재처럼 촌스럽다. 준영은 무시를 넘어 경멸하는 마음이 들었다.

감히, 저까짓 게 꼴에 의사라고 병원을 통째로 먹으려 들어? 지금처럼 내가 털어 주는 콩고물이나 받아먹을 것이지. 윤식이 준영을 보며 헛기침했다. 더 취하기 전에 돈 얘기를 하자는 신호다. 수재가 들어서 안 될 것도 없지만 좋을 것도 없다. 준영은 군이 수재에게 눈치를 주었다.

"형님, 잠시 나갔다 오시죠? 소변 안 마려우세요?"

수재의 얼굴에 모멸감이 스쳤다. 윤식과 준영을 번갈아 쳐다본 수재는 비틀거리는 걸음으로 벌떡 일어나 룸을 나갔다. 여자들도 눈치껏 자리를 피했다. 문이 닫히기도 전에 황 과장이 입을 열었다.

"참, 저 친구. 예나 지금이나 눈치 없어. 변함없어서 좋은 건지 나쁜 건지."

준영은 헛웃음을 지었다.

"안 변했나? 전 변한 것 같은데. 아까 병원 얘기할 때 눈 돌아간 거 보셨죠? 이름 걸어 주는 것도 감지덕지해야지. 개꼬리 주제에 삼 년 묵었다고 황모 행세를 하려고 드네요."

문이 닫히는 소리가 들렸다. 준영은 문 쪽을 힐끗 쳐다보았다. 들었나? 살짝 꺼림칙했지만 이내 올라온 술기운이 걱정을 잠재웠다. 들어도 상관없다. 오히려 들었으면 좋겠다. 그럼 욕심이 좀 수그러들겠지. 준영은 윤식의 눈을 똑바로 보며 말했다.

"과장님, 저희 오랜 고객이시니 특별히 제안 드리겠습니다. 다른 곳에서 콘택트 많이 올 텐데 고민하지 마시라고. 고민하실 시간에 좋은 술 드시고 골프 치셔야죠."

윤식의 탁한 눈빛에 생기가 돌았다.

"기존에 장비 한 번 쓸 때마다 이십오만 원으로 해 드렸던 것, 다음 달부터 두 배씩 드릴게요."

윤식이 흐르는 침을 닦았다.

"두…… 두 배? 그럼 한 번 사용에 오십만 원?"

준영은 여유롭게 웃었다.

"네. 그건 꾸준히 나오는 용돈 삼으시고요, 거래 하나 더 트시죠. 심혈관용 스텐트, 어떻습니까? 개당 이천팔백만 원으로 일단 오십 개부터 넣어 보시죠."

"실납품가는?"

"이천삼백만 원입니다. 개당 오백만 원씩 오십 개, 과장님 몫이 이천오백만 원인 거죠."

윤식이 눈을 가늘게 떴다.

"이번에 심혈관용 스텐트 바꾸려는 건 어떻게 알고?"

눈썹을 팔자로 축 늘어뜨린 준영이 익살스럽게 말했다.

"과장님, 자리에 없다고 저희 매형 아예 잊어버리신 건 아니죠? 우신대학병원 흉부외과 교수님 아닙니까?"

준영과 윤식이 크게 웃었다. 그리고 벨을 눌렀다. 웨이터가 재빨리 달려와 문을 열었다. 준영은 오만 원짜리 두 장을 건네며 거만하게 말했다.

"애들 빨리 다 들어오라고 해. 그리고 이 테이블 풀로 묶어. 애프터까지."

◊

　집으로 돌아온 수재는 여전히 분이 풀리지 않았다. 오늘 술이 유난히 독해서인지도 몰랐다. 준영은 늘 그랬듯이 아니꼬웠고 자신을 은근히 무시했다. 그런데 왜 오늘따라 이렇게 화가 나는지는 모를 일이었다. 준영의 파트너가 유독 자신의 취향이었기 때문일까? 삼 년 전 처남이 된 준영은 드러내 놓고 영업을 부탁했다.

　'이제 한 가족이니 같이 집안 사업을 이끌어야 한다고? 그럼 나한테는 크게 떼어 주는 건가?'

　처음에는 은근한 기대도 없지 않았다. 아니, 당연히 떼어 줄 거라고 생각했다. 준선은 집안의 장녀고 자신은 집안 사업에 크게 기여하는 사위다. 수재는 제 일처럼 영업에 발 벗고 나섰다. 하지만 시간이 지날수록 준영이 자신을 대하는 태도는 소홀해졌다.

　준영은 꾸준히 뿌린 씨앗을 이제 거둬들일 모양이었다. 처음에는 인맥 쌓기로 시작한 접대가 점점 구체적이고 확실한 약속, 그리고 수익을 보장하는 계약으로 바뀌었다. 사업이 구체화될수록 자신의 역할은 점점 쪼그라들어 오늘처럼 자리만 채우는 날도 적지 않았다. 심지어 준영은 중요한 얘기를 할 때면 수재가 자리를 비켜 주기를 바랐다.

"병신 새끼, 지가 언제부터 과장이랑 말 트고 지냈다고 나보다 친한 척이야?"

결국 수재는 화장실에 가는 척 자리를 비켜 주었다. 윤식도 수재가 나가기를 기다렸을 것이다. 그래야 대놓고 돈 얘기를 할 수 있을 테니까. 화장실에서 비척거리며 나온 수재가 벽에 머리를 기댔다. 자신이 원하는 삶은 이런 것이 아니었다. 그때 한 여자가 수재의 팔뚝을 잡았다.

"오빠, 많이 취했어요? 들어가서 물이라도 마셔요. 응?"

준영의 옆자리에 앉았던 파트너였다. 유난히 하얀 피부에 도톰한 입술, 굵게 웨이브진 풍성한 긴 머리칼이 누군가를 닮았다. 임상병리사 오세라. 수재는 취한 와중에도 정확히 이름을 떠올렸다.

수재는 세라를 처음 본 날 작은 충격을 받았다. 시골 출신의 수재는 그렇게 예쁜 여자를 눈앞에서 본 적이 없었다. 내과 주변에서 유독 우연히 마주치는 일이 잦던 세라를 볼 때마다 수재는 심장이 빠르게 뛰었다. 준선에게는 처음부터 느껴보지 못한 감정이었다. 들리는 소문으로는 집도 잘산다고 했다. 생활이 안정될수록 수재는 자신의 너무 빠른 결정을 후회했다. 주변 의사는 대부분 돈도 많고 어린 데다 예쁜 여자와 결혼했다. 처가 덕에 개업한 이들도 부지기수였다. 그런데 자신은 나이 많고 예쁘지도 않고, 심지어 재산도 물려받지 못할 여자와 결혼한 것이다. 거기에 모자란 처남 따까리나 하고 있다니. 수재는 여자의 가느다란 팔목을 잡고 룸으로 들어섰다. 오늘은 자신도 이차라는 것에 한번 가 볼 심산이었다. 그때 준영이 빈정거리듯 말했다.

"형님, 남의 파트너는 왜 건드려요? 룸에도 위아래가 있고 구멍도 짝이 있는데."

"왜, 내가 원장인 병원, 네가 먹는 건 되고 네 파트너 내가 먹는 건 안 되냐?"

"그 떡값도 내가 내는 거 아닌가? 오늘 개꿈 많이 꾸시네. 개꼬리라서 그런가? 이거 대리비 하시고 집에나 곱게 가시죠."

수재는 오만 원짜리 두 장을 건네는 준영에게 주먹을 휘둘렀다.

'정말 오래오래 잘살고 싶었는데.'

준선은 멍하니 앉아 생각했다. 곧 어린이집 차가 올 시간이라고, 아이 간식도 준비하고 마중을 나가야 한다고 머릿속으로는 알고 있었지만 움직일 기운이 나지 않았다. 24시간을 엄마와 아내로 사는 일은 쉽지 않았다.

준선은 최소한 하원 도우미라도 쓰길 바랐지만, 남편 수재는 그런 것은 용납할 수 없다고 처음부터 못을 박았다.

"애 엄마가 안 키우면 누가 애를 키워? 그리고 난 모르는 사람이 우리집 헤집고, 우리 애 키우는 거 질색이야. 낯선 사람을 덥석 들여놓을 정도로 멍청하면 무슨 일을 당해도 할말이 없지."

'어차피 그 돈은 우리 부모님이 낼 텐데.'

준선은 그 말을 입 밖으로 내지는 않았다. 수재가 또 화를 낼까 봐 두려웠다. 수재와 사귄 기간은 칠 개월, 서로를 알기에는 너무 짧은 시간이었다. 그나마 사 개월은 결혼 준비로 바빠 제대로 보지도 못했다. 수재와의 잠자리도 결혼 전에 딱 한 번이었다. 준선도, 수재도 아닌 아버지 준성의 뜻으로 실행한 일이었다.

수재와의 만남은 처음부터 삐걱거렸다. 서로 예의를 지키며 식사하고 커피를 마셨다. 대화는 한쪽이 말하면 상대방이 그것을 칭찬하는 식이었다.

"준선 씨는 초등학교 교사라고 들었습니다. 무슨 과목을 맡고 계시나요?"

"초등학교 교사는 일부 과목을 제외하고는 담임이 전 과목을 지도해요. 저는 이 학년 담임이고요."

"그럼 육아는 아주 전문가시겠네요. 든든합니다."

육아와 학습은 전혀 다른 분야지만 준선은 조용히 미소만 지었다.

"수재 씨는 흉부외과라고 하셨죠? 흉부외과 치료는 어떤 것들이 있나요?"

"기본적으로 흉부…… 아, 가슴 쪽에 있는 모든 진료라고 보시면 됩니다. 그리고 전문의가 되기 전에 저희도 초등학교 담임 선생님처럼……."

수재는 준선에게 동지 의식을 심어 주려는 것처럼 '담임'이라는 말에 힘을 주며 씩 웃었다.

"전 분야를 배웁니다. 그러니 소아과도 당연히 근무해 봤고요."

"전 분야를요? 저와는 비교도 안 될 정도로 대단하세요."

준선은 자신의 목소리가 공허하게 울리는 것을 들었다. 수재는 무언가 더 기대하는 것처럼 눈을 빛냈다.

"아……. 아이 아플 때도 정말 안심이 될 것 같네요. 어릴 때는 자주 아프다고들 하잖아요."

"잘 가르치고, 건강하게 키우고! 정말 저희는 환상의 커플이 될 것 같습니다."

수재가 호탕하게 웃는 모습이 어색했다. 준선은 드라마의 한 장면 같다고 생각했다. 연기를 못하는 조연 배우들의 재미없고 뻔한 장면. 시청자라면 이 장면에서 스마트폰을 보거나, 화장실을 가거나, 뒤로 가기 점프를 누를 것이다. 준선은 버튼이 있다면 자신의 인생도 뒤로 빨리 감고 싶었다. 결혼식 뒤로, 출산한 뒤로, 아이를 다 키운 뒤로…… 어디까지 가고 싶은지는 자신도 몰랐다. 준선은 무심코 눈두덩이를 꾹 눌렀다. 아차 싶었다.

'화장이 번지면 안 되는데.'

엄마 홍란은 수재를 만나기 전, 청담동에 있는 뷰티숍에 준선을 데려갔다. 두 시간에 걸친 화장과 머리 손질을 끝내고 원장은 뭘 먹거나 마실 때마다 입술이 지워지지 않게 조심하라고 했다. 립 제품을 담은 작은 통과 면봉을 주며 수시로 수정하라고도 했다. 길게 붙인 속눈썹 때문에 눈꺼풀이 무거웠다. 핑크빛 광을 낸 뺨은 간지러워도 긁을 수 없었다. 지문이라도 묻는 것처럼 원장은 가급적 얼굴에 손대지 말라는 말을 몇 번이고 했다.

"성격은 참한 아가씨가 왜 이렇게 얼굴에 손을 대요. 우리 고객님, 평소에 화장 잘 안 하시나 보다. 그죠? 그래도 이렇게 해 놓으니까 얼마나 예뻐요. 원래도 동안이셨는데 지금은 대학생이라고 해도 믿겠어. 안 그래요, 어머님? 이것도 익숙해지니까 조금만 참으세요. 원래 예뻐지려면 좀 불편한 것도 참을 줄 알아야지."

원장 말처럼 거울 속의 여자는 서른아홉 살처럼 보이지는 않았다. 그렇다고 이십 대처럼 보이는 것도 아니었다. 매끈한 피부와 생기 없는 눈빛이 어우러져 나이를 알 수 없는 수상한 AI 인간처럼 보였다.

인호와 헤어진 후 아버지는 수많은 선 자리를 들이밀었다. 조건도 좋고 집안도 좋았지만, 그들과 마주 앉을 때마다 인호의 얼굴이 떠올라 준선은 집중할 수 없었다. 남자들은 '예쁘지도 젊지도 않은 여자가 싹싹하지도 않다.'라며 퇴짜를 놓았다. 준선이 서른 중반을 넘고 나서야 준성은 눈을 낮췄다. 남자가 능력만 있다면 조건은 상관하지 않겠다는 마인드였다. 동생 준영은 기다렸다는 듯 같은 병원 의사를 소개했다. 준선은 한두 번 만나고 거절할 참이었다. 그 전에 수재가 거절해 주면 더 좋은 일이었다. 하지만 인생은 늘 그렇듯 계획대로 흘러가지 않는다. 수재와 두 번 만나고 준선은 결혼을 결심했다. 그 일만 없었더라면…….

"준선 씨?"

"네? 뭐라고 하셨죠?"

"어제 퇴근하고 뭐 하셨냐고 여쭤봤습니다. 어젯밤 카톡 답변도 없으시고, 피곤하셨나 봐요."

"아……. 책 보다가 잠들었어요. 집에선 스마트폰을 무음으로 해 놔서 놓칠 때가 많아요."

"무음이요?"

"네. 안 그러면 밤에도 전화하고 카톡 하시는 학부모님들이 워낙 많으셔서……. 쉬기가 어렵거든요."

"저랑은 정반대네요. 저희는 무슨 일이 있어도 콜 들어오면 바로 가야 해서 스마트폰을 거의 뇌랑 동기화시켜 놓거든요. 그런데 학교, 그만뒀다고 하지 않으셨어요?"

"……이번 달까지예요."

수재와 있으면 침묵이 불편했다. 이전 남자 친구인 인호와의 연애에서는 전혀 경험해 보지 못한 것이었다. 인호와 카페에 가면 각자 책을 읽었다. 낯선 동네의 독립 서점을 탐방하기도 했다. 인호는 대체로 조용하고 침착했지만 좋아하는 분야에서는 열정적이었다. 준선은 인호의 예술적 감성을 사랑했다. 인문학에 관심이 간 것도 인호의 영향이었다.

"수재 씨는 어떤 책 좋아하세요? 좋아하는 장르나 작가 있으세요?"

"책이요? 논문 읽기도 바빠서…… 최근에 읽은 책은 부끄럽게도 거의 없네요."

말과 달리 얼굴은 전혀 부끄러워 보이지 않았다. 부끄러울 일도 아니긴 했다. 준선은 괜히 물어봤다고 후회하며 화장실에 가겠다는 말로 자리를 피했다. 화장을 체크해야 할 것 같았다. 인호와 결혼했으면 행복했을까. 알 수 없는 일이다. 인호와는 오 년을 만났다. 준선보다 일 년 늦게 임용 고사에 합격한 인호는 결혼을 바랐지만, 준성이 크게 반대했다.

"여자는 존경할 수 있는 남자랑 결혼해야 하는 거다. 그래야 결혼 생활이 순탄하고 행복해. 그 자식은 너보다 잘난 게 하나도 없어. 긴말 안 할 테니 정리해라."

준선에게 이별 통보를 받은 인호는 다음 해 동료 교사와 결혼했다.

호텔 화장실 거울에 비친 얼굴은 여전히 핑크빛 가면처럼 반짝였다. 목 아래로 둥글게 묶은 머리도 소담한 만두 형태를 유지하고 있었다. 헤어 디자이너는 오십 분 넘게 머리를 손질하며 로우번이라고 설명했다. 똥머리가 아니냐고 묻자 숍에 있던 모든 사람이 크게 웃었다. 어차피 묶을 거면서 왜 드라이를 했느냐는 질문에도 또다시 웃었다.

"고객님, 너무 재미있으시다. 보세요, 고객님은 두상이 작고 목선이 우아해서 이렇게 볼륨을 넣고 묶은 머리가 잘 어울리세요. 다음엔 가시번을 하셔도 아주 어울리시겠어요."

가시번? 영어인지, 한글인지, 한자인지 추측도 안 가는 이름이었다. 준선이 애매하게 웃자 홍란이 한마디 거들었다.

"얘가 나이만 있지 꾸밀 줄은 하나도 몰라요. 여자가 나이 들수록 관리해 줘야 하는데 그저 귀찮아서……. 쇼핑하자고 해도 싫어하는 여자가 얘랍니다, 나 참. 아직도 얘 옷은 제가 사다 줘요."

"어머, 세상에. 너무 센스 있는 어머님이시네요. 우리 고객님은 딱 보니까 디○ 쪽이시네. 여성스럽고 우아하시고. 우리 어머님은 고상하고 미니멀하신 게 딱 에○메스고. 오늘 입고 오신 옷도 에○메스 재킷 맞죠? 너무 완벽하게 소화하셨네요. 그게 참 쉽지 않은데. 제가 아는 연예인은……."

준선은 홍란과 헤어 디자이너의 대화를 귓등으로 흘리며 이루고 싶었던 것들을 하나씩 떠올렸다. 초등학교 선생님 되기, 취직해서 독립하기, 사랑하는 사람과 결혼하기……. 계획대로 된 것은 초등학교 교사 되기, 하나였다. 그마저도 이제 포기한 참이다. 준선은 수재와의 결혼을 결심한 뒤 사표를 냈다. 학교는 이번 주까지만 출근하면 된다. 학기 중에 담임을 그만두는 건 이례적인 일이지만 준선의 사정을 들은 교감은 고개를 끄덕였다.

"어쩌다 그런 실수를……. 준선 쌤 그렇게 안 봤는데 처신 참 실망스럽네. 아무튼 알았어요. 최대한 빨리 처리할 테니 사유는 병가로 해 두세요. 다른 쌤들한테도 그렇게 얘기하시고. 말 안 해도 알겠지만 소문나면 학부모들 난리 날 테고 학교 명예에도 안 좋은 영향 미치니 입조심 단단히 하세요."

준선은 식사하고 커피를 마시니 더이상 할말도, 가고 싶은 곳도 없었다. 고칠 것 없는 립스틱을 덧바르며, 언제쯤 집에 간다고 말을 해야 할지 고민만 계속했다.

그다음, 그다음, 그다음에도 수재와의 만남은 비슷했다. 일주일에 한 번쯤 만나 밥을 먹고 차를 마시고 때로는 공연을 보기도 했다. 공통 관심사가 없으니 오히려 하고 싶은 것도 없었다. 수재와 만나는 날마다 일찍 귀가하는 딸을 본 준성은 넌지시 말했다.

"준선아, 박 서방이랑 사이는 문제없지?"

"네, 좋아요. 왜요?"

"그런데 연애하는 애가 왜 좋아 죽지는 못할망정 매번 다 죽어 가는 표정으로 들어와? 그것도 해 떨어지기 전에."

"수재 씨 많이 바빠요. 아시잖아요."

"꼭 그게 아니래도 말이다, 그거 문제는 있는지 한 번은 알아봐야 하지 않겠냐? 아이도 낳아야 하고."

준선은 무슨 말인지 몰라 홍란을 쳐다보았다. 홍란이 준선의 눈을 피했다. 준성이 헛기침했다.

"그러니까 좀 데이트도 늦게까지 하고 사람 좀 진득하게 알아보라고. 깊게. 요즘 세상에 그러는 거, 흠도 아니다? 아빠말, 무슨 뜻인지 알지? 혹시라도 문제 있으면 나중에 이혼하는 것보단 파혼이 나아."

준선의 볼이 뜨겁게 달아올랐다. 준선은 차마 준성의 눈을 마주보지 못하고 고개만 끄덕였다. 수재와는 아직 낯설고 서먹한 사이였다. 하지만 준성은 한 번 말한 건 반드시 결과를 얻고야 마는 성격이다. 준선은 멍한 머리로 어떻게 해야 하나, 한숨을 길게 쉬었다.

준선은 다음주 일요일, 준성의 뜻대로 수재와 밤을 보냈다. 준선이 외박한 다음 날 저녁에는 준영이 집으로 찾아왔다. 오랜만에 네 가족이 모인 식사 자리였다. 아들의 방문이 반가웠던지 홍란은 연신 가사도우미를 채근했다.

"주애 씨, 거기 냉장고에 있는 고기만 내놓지 말고 가게에 전화해 봐요. 오늘 셋째 주 월요일이니까 그 집 소 잡는 날이야. 고기 떨어지기 전에 가장 좋은 걸로, 빨리 가져다 달라고 해요. 우리 아드님은 제비추리랑 육사시미 좋아해. 그거 오면 양념장은 마늘 넣고, 알죠? 없다고? 다른 곳도 전화해 봐야지! 왜 이렇게 사람이 융통성이 없어."

준선은 대학에 가자마자 독립한 동생이 부러웠다. 준선에게는 "여자는 결혼 전에 함부로 집 밖으로 나가는 거 아니다."라며 단번에 거절했기에 더욱 그랬다. 물론 준영의 독립에 필요한 모든 비용은 준성이 댔다. 준영이 취직한 이후에도 회사 법인카드를 가지고 다니며 적지 않은 돈을 쓰는 것도 알고 있었다. 준영이 모는 세 대의 차 중 두 대는 법인 명의였다. 그리고 언젠가 준영은 JS메디컬 대표가 될 터이다.

준선은 한 번도 JS메디컬 지분에 욕심내 본 적이 없었다. 어린 시절부터 반복된 차별 대우 속에서 준선은 무력감을 학습했다. 준성과 홍란에게 준선은 늘 두 번째 자식이었다. 준선은 클수록 동생과 자신의 나이 터울이 많이 나는 이유를 짐작했다. 준성은 회사를 물려줄 아들을 원했고 자신은 딸이었다. 멋대로 구는 동생이 부러웠지만, 처지가 달랐기에 화도 나지 않았다.

"박 서방, 거 괜찮더냐?"

준선은 자신도 모르게 준영의 눈치를 살폈다. 다행히 모르는 눈치였다.

"아빠, 매형이 왜요? 누나 뭐가 마음에 안 든대요?"

준선은 서둘러 대화를 막았다. 순식간에 얼굴이 붉어졌다.

"그럼요, 괜찮아요. 아무 문제 없어요, 아빠."

귀를 기울이던 홍란이 안도하는 것처럼 보였다.

"그거 잘됐네. 박 서방한테 전해라. 결혼 선물로 차 바꿔 준다고."

"아빠, 무슨 차요? 지금 주문해도 바로는 안 나올 텐데? 나도 한 대 더 뽑으면 안 돼요? 누나는 나한테 뭐 안 해 줘? 중매 서 준 값 안 주나?"

"준영이 너는 새로 뽑고 싶으면 한 대는 정리해. 병원 출근하는 놈이 뭐 이리 차 욕심이 많아? 준선이 결혼할 때 사위 선물로 주려고 예약한 차, 어제 출고됐다고 연락 왔더라. 생각보다 더 늦어진다 싶었는데 박 서방이 주인 되려고 그랬나 보다."

"무슨 차? 무슨 찬데? 외제 차야? 벤○? B○W? 아○디? 아, 왜 말을 안 해 줘요!"

준선은 그날 이후로 수재와 단둘이 만나지 않았다. 올해 안에 결혼하라는 준성의 계획에 맞추려면 정신없이 서둘러야 했다. 신혼집은 부모님 집과 가까운 신축 아파트였다. 초호화 결혼식에 드는 돈을 아끼지 않던 준성은 집 비용만큼은 수재가 일부 낼 것을 요구했다. 모든 것을 공짜로 받으면 고마운 줄 모른다는 것이 준성의 강력한 의견이었다. 준선은 수재가 대출받아 그 돈을 낸 것을 알았지만 수재의 자존심이 상할까 봐 모르는 척했다.

엄마와 동행해 신혼집을 리모델링하고 들어갈 가전과 가구를 고르고 결혼반지를 맞추고 예물 시계를 사고 그러다 보니 눈 깜짝할 새 결혼식장이었다. 준성은 결혼 선물로 페○리 로마를 수재에게 선물했다. 딸을 잘 부탁한다는 말과 함께. 두 손으로 공손하게 스마트키를 받아 드는 수재의 얼굴은 준선과 잘 때보다 더 황홀한 표정이었다.

수재와의 결혼 생활은 시작부터 어긋났다. 돈 없이도 당당해 보이던 수재는 열등감 덩어리였고 툭하면 준선의 집안을 무시했다.

"당신네 아빠는 돈이 있으면서 쩨쩨하게 삼십 퍼센트는 왜 남겨 놔? 하여간 졸부 씀씀이 하고는."

준선은 그 삼십 퍼센트마저 갚지 못해서 모두 대출 아니냐는 말을 억지로 삼켰다. 시험관으로 임신했을 때는 유전자를 걱정했다.

"애가 엄마 머리 닮으면 안 되는데. 당신네 집안 머리 나쁘잖아. 근성도 없고. 그렇게 돈을 처발라서 된 게 고작 초등 교사, 그나마 몇 년 하고 관두고. 처남은 심지어 전문대 나왔지? 방사선사? 참 나, 병원에선 교수랑 감히 말도 못 섞는 새끼들인데."

그 교수 자리도 처가 덕으로 되지 않았냐는 말을 준선은 꾹 삼켰다. 수재는 어떤 일이든 결말을 보려 들었고 자신은 끝을 보는 것이 두려워 도망가는 쪽이었다.

준선은 생각을 멈추고 일어섰다. 이제는 엄마로 돌아갈 시간이다. 서둘러 아이를 데리러 갈 채비를 하던 준선은 카디건 소매를 내려 손목의 푸른 멍을 감췄다.

'그래도 아빠는 엄마를 때리진 않았는데.'

더 퍼스트 한남 1102호 입주민, 송나연의 증언

"윗집 승원이 엄마요? 같이 커피 마시는 사이예요. 우리 애랑 같은 얼집 다니거든요. 나이도 36갤로 비슷해요. 그 집 신랑 우신대학병원 교수죠? 우리 신랑은 변호사예요. 저기 법무법인 강앤리 로펌, 어쏘 아니고 파트너 변호사. 승원이 엄마는 얘기 들어 보니까 처녀 때는 초등학교 선생님이었다는데 맞아요? 결혼 준비하면서 그만뒀다고 그러던데. 애 생기기도 전에 그만둔 거 보면 승원이 엄마도 지극정성이야. 하긴 그러니까 도우미를 일절 안 쓰죠. 여기 엄마들은 대체로 가사도우미, 최소한 등하원 도우미는 써요. 솔직히 엄마 혼자 애를 어떻게 다 케어해요. 남자들은 바깥일 하느라 바쁘지, 결국 유치원이나 얼집 이런 거 챙기는 건 다 엄마 몫인데 집안일이라도 도와주는 사람이 있어야죠. 그 집 부부 사이요? 글쎄요, 승원이 엄마가 남편 얘기를 워낙 안 해서. 그런데 사이는 좋은 것 같았어요. 저번에 주차장에서 만났는데 승원이 아빠랑 아이랑 캠핑 간다고 벤○에 짐 싣고 있더라고요. 신랑은 페○리 로마고, 승원이 엄마는 벤○ GLS 타요. 우리 신랑이 말하길 벤○는 차박용으로 개조한 차라대요. 차박이니 뭐니 전 캠핑 같은 거 잘 몰라요. 아무튼 사이가 좋으니까 가겠죠? 그리고 또 뭐가 있더라? 특이한 거요? 하나 생각나네요. 한번은 이상한 걸 묻더라고요. 범인 대신 자수하면 무슨 벌을 받느냐고요. 그래서 신랑한테 물어봐 주겠다고 했더니 깜짝 놀라면서 됐다고, 그냥 드라마에서 봤는데 궁금해서 그랬다고 했어요. 근데 무슨 드라마였지?"

준영은 세라의 얼굴을 바라보았다.

'이 여자가 대체 뭐라는 거야?'

세라는 좋은 섹스 파트너였다. 직접 물어본 적은 없지만 준영은 세라에게 의사 남자 친구가 있을 것이라고 짐작했다. 그렇지 않다면 대체 누가 수면제를 처방해 주었겠는가. 그리고 세라도 당연히 자신을 섹스 파트너 정도로 여긴다고 생각했다. 그런데 갑자기 진지한 얼굴로 '우리가 무슨 사이냐'고 묻다니, 이건 명백한 규칙 위반이다.

'혹시 의사 남자 친구와 헤어졌나? 그래서 아쉬운 대로 나를 남자 친구로 신분 상승시켜 주는 건가?'

준영은 속으로 혀를 찼다. 얼굴이 예쁜 여자는 멍청하다. 어쩌면 하나같이 이렇게 속내를 투명하게 드러내는 건지. 외모가 좀 된다고 해서 의사, 판검사, 돈 많은 집 자식과 결혼할 수 있다고 생각한다면 정말 오산이다. 준영은 세라와도 이제 슬슬 정리할 때가 됐다고 생각했다.

어차피 병원을 그만두면 다시 볼 생각은 없었다. 세라는 준영이 병원을 왜 그만두는지도 모를 거다. 방사선사가 대학병원에서 정규직 되기란 하늘의 별 따기다. 물론 자신은 준성의 인맥으로 처음부터 정규직으로 입사했다. 이 사실을 모르는 영상의학과 사람들은 준영을 여유 있는 집안의 운 좋은 '엄친아' 정도로 여겼다. 매형 박수재와의 관계를 숨긴 이유도 그것이었다. 가난한 집안의 수재가 부잣집 딸과 결혼하고 팔자 폈다는 건 아는 사람만 아는 얘기다.

준영이 자신의 일주일 용돈도 안 되는 월급을 받으며 대학병원을 다닌 이유는 단 하나다. 아버지 사업을 물려받기 전에 최대한 많은 교수, 의사와 인맥을 쌓기 위해서였다. 수재를 준선과 결혼시키고 매형이 된 수재를 통해 여러 교수를 소개받았으니 이제 여기에 더이상 볼일은 없다. 술과 돈을 과할 정도로 받아먹은 교수들은 JS메디컬을 간납사로 선정했다. 준영은 개원 가능성이 높은 인턴이나 레지던트, 펠로우도 틈틈이 챙겼다. 이 정도면 JS메디컬의 차세대 고객 확보는 어느 정도 된 셈이다.

세라를 꼬신 것은 단순한 충동이었다. 접대 말고는 지루하기 짝이 없는 업무, 다른 직군은 무시하는 의사 새끼들에 대한 열등감을 풀 것이 필요했다. 이를테면 남들이 여신처럼 우러러보는 여자를 소유하는 쾌감 같은 것. 세라는 모르겠지만 준영은 이 관계에 대한 몇 가지 특별한 추억도 남겼다. 이를테면 벌거벗은 세라의 자는 사진 같은 것 말이다.

"우리는 이 정도가 좋은 것 같아. 자기랑은 좋은 추억만 간직하고 싶어."

준영은 최대한 부드럽게 말했다. 그리고 시선을 돌려 아련한 표정을 지었다. 세라에 대한 경멸이 드러나지 않도록. 어차피 일 년 안에 병원은 그만두겠지만 혹여 그 전에 이 여자가 소문을 내면 곤란하다. 물론 그런 상황을 대비해서 사진을 찍어 두긴 했다. 어떤 여자도 자신의 나체 사진, 혹은 섹스 동영상에 의연하지 못했다. 피해자임에도 오히려 두려워하고 입을 다물었다.

"……자기 말이 맞아. 혹시라도 자기가 오해했을까 봐 물어본 거야. 나도 딱 이 정도가 좋아."

고개를 돌리자 세라는 화사한 미소를 짓고 있었다. 준영은 세라의 얼굴에 스친 모멸감과 증오를 보지 못했다.

○

"오빠, 일어나 봐요, 응? 이제 집에 가셔야죠."

좆같네. 세윤은 속으로 쌍욕을 하며 부드럽게 남자의 몸을
흔들었다. 두 달 전부터 단골이 된 이 진상 손님은 늘 아침까
지 술을 마시고 룸에서 잤다. 술 마시다 자는 손님은 흔하다.
이 손님이 진상인 이유는 눈을 떴을 때 파트너가 없으면 난
리를 치기 때문이었다. 혼자 있으면 누가 목숨을 노릴 정도
로 남의 돈을 털어먹는 사람들이 주로 이런 반응을 보였다.
룸 밖에서는 웨이터들이 분주하게 마감 청소하는 소리가 들
렸다.

잠든 남자는 삼십 대 초반의 뚱뚱한 체격에 손이 여자처럼
작고 가늘었다. 젊은이들 사이에서 유행하는 스트릿 브랜드
트레이닝에 프리미엄이 붙은 한정판 운동화, 방패처럼 커다
란 롤○스 시계까지, 걸어 다니는 광고판 같은 남자다.

남자는 잘나가는 사업가라고 자랑했지만, 아마 주식, 혹은
코인으로 운 좋게 돈을 번 벼락부자일 것이다. 이런 유의 돈
은 수명이 짧다. 사라지기 전에 최대한 빨아먹어야 한다. 마
음껏 주무시라며 룸을 비워 주는 마담도 아가씨에게 자리를

174

지키라며 눈을 부라리는 상무도 시체에 달려드는 파리떼다.

'나도 마찬가지지만.'

세윤은 생긋 웃으며 왼쪽 손목을 어루만졌다. 뱀처럼 손목을 휘감은 뱅글 워치. 지난주에 불○리의 세르펜티를 선물로 준 사람도 이 남자다. 착용한 것을 보여 줬으니 오늘 당장 중고 명품점에 팔아 버릴 참이었다.

첫 방문에서도 이 남자는 룸에서 잠을 잤다. 텐프로 같은 하이업소에서는 함부로 손님을 쫓아내거나 신고하지 않는다. 지나가다 들어온 뜨내기손님 따위는 애초에 받지 않기 때문이다. 마담을 알든 기존 손님 소개든 소위 '후다'가 확실한 손님만 받는다. 그러니 함부로 대할 수도 없다.

아침 아홉 시가 넘어서야 눈을 뜬 남자는 옆에 있는 세윤을 보고 기특하다며 머리를 쓰다듬었다. 그리고 다음에 방문했을 때는 깜짝 선물이라며 불○리 상자를 내밀었다. 다른 아가씨들의 질투와 부러움 섞인 눈길을 느끼며 세윤은 오버스러울 정도로 감동한 표정을 지었다.

"오빠, 요새 스트레스 많으시죠? 원래 사업하시는 분들이 잠 때문에 고민 많으시잖아요. 수면 장애는 잠이 올 때 자는 게 중요하대요. 여기 오실 때는 초아 믿고 푹 주무세요."

남자의 입가가 흐뭇하게 벌어졌다. 요새 세윤은 현금에 쪼들렸다. 갈수록 지명이 줄어 초조했지만, 티를 낼 수는 없었

175

다. 자신이 일하고 있는 오아시스는 소위 텐프로라고 불리는 고급 유흥업소다. 지금이야 나이를 먹었지만 몇 년 전만 해도 자신을 만나기 위해 하룻밤에 천만 원씩 쓰는 남자도 있었다.

화류계는 돈을 벌러 온 사람도 돈을 쓸수록 대우받는 업계다. 이곳에서 일하다 보면 생활감이 쉽게 사라졌다. 두 시간에 최소 삼백만 원, 많게는 천만 원을 넘게 쓰는 남자들은 자신들이 얼마나 쉽게, 또 얼마나 많은 돈을 버는지 떠들어 댔다. 반은 거르고 듣지만 혹하는 이야기도 있었다. 손님이 권유한 주식이나 코인에 투자했다가 큰 빚을 진 아가씨도 많았다. 하지만 아가씨들이 돈을 퍼붓는 분야는 단연 외모다. 다이어트, 성형 수술, 피부 시술, 네일 아트, 메이크업과 헤어스타일링, 명품 옷과 가방…… 살이 쪄도 나이가 들어도 촌스러워도 모두 자기 관리가 안 되는 아가씨로 찍힌다. 아가씨의 얼굴은 물론 가슴도 엉덩이도 성기도 상품이다. 남자들이 갖고 싶어 안달이 나도록 반짝반짝 광을 내서 진열하는 상품.

그러니 출근 전에 숍에서 받는 메이크업과 헤어, 출퇴근에 부르는 콜택시, 매일 바꿔 입는 홀복, 그리고 사적인 자리에서 손님을 만날 때 드는 명품 백까지, 하나라도 포기할 수는 없다. 비싼 척을 한다고 비싸게 팔리는 것은 아니지만 싸구려 티를 내면 당장 밀린다.

술집 여자가 일반 여자를 부러워한다는 생각은 일반 여자의 착각이다. 백화점 명품관에서, 파인 다이닝 레스토랑에서, 해외 여행지에서, 여자들이 자신을 힐끔거리며 옆에 있는 남자와의 관계를 추측할 때 세윤은 오히려 쾌감을 느꼈다. 잘 봐, 나는 비싼 상품이야. 너는 될 수도 없고 네 남자 친구는 가질 엄두도 못 낼 그런 상품.

룸에서 잠을 자는 이 남자는 거의 혼자 왔다. 혼자 오는 손님은 대부분 진상이지만, 그래도 지명은 귀한 손님이다. 이 나이에, 한참 어린 애들과 초이스를 돌다 보면 오래전에 굳은 감정에 물이 스며들었다. 불안함이라는 어둡고 진득한 물이. 그럴 때마다 세윤은 거울을 보며 중얼거렸다. 아직 괜찮아. 아직. 남자는 들어올 때부터 술에 취한 채였다. 초장부터 가슴에 손을 댔지만 이를 악물고 미소를 지었다. 남자는 다 풀린 혀로 허세를 부렸다.

"초아야, 오빠가 좋은 정보 하나 줄까?"

초아라는 가명도 너무 오래 썼다. 이 업계에 들어온 지 구년, 퇴물이라면 퇴물이다. 남들이 보기에는 스무 살 못지않은 피부와 몸매를 유지하고 있지만 남자들은 진짜 스무 살과 이십 대처럼 보이는 여자를 귀신같이 구별한다. 어차피 손님도 점점 쓰레기만 타는 판이니 자신도 리뉴얼하는 편이 좋을 것 같았다. 남자들은 못생긴 여자보다 나이 든 여자를 더 싫어하니까. 이름부터 얼굴, 몸매, 가게까지 싹 다 바꾸고 새롭게 시작하는 거다.

'가슴 수술을 다시 할까? 쉬는 김에 코도 같이 하고.'

세윤은 다른 업소에서 마이킹을 얼마나 당길 수 있을지 계산하며 무심하게 대답했다.

"뭔데? 주식이면 안 해. 돈 없어요. 그렇게 좋은 정보 있으면 오빠 큰돈 버시고 난 선물해 줘요."

"선물? 해외여행 어때? 오빠랑 여행 갈까? 너 골프는 치냐?"

"골프 치지. 근데 어디로 가게?"

"태국. 골프 치긴 태국이 최고야. 오빠가 거기 VVIP 회원권 있어. 너 언제 시간 되냐?"

지랄. 세윤은 코웃음을 쳤다. 고작 태국 따위를 가려고 일을 쉴 수는 없다. 유럽이면 몰라도. 세윤은 애교스러운 비음을 흘렸다.

"아이참, 골프 치면 피부 타잖아. 나 타는 거 싫어. 오빠, 파리 어때요? 나 파리에서 생일 보내는 게 소원이에요."

남자가 귀엽다는 듯 웃으며 세윤의 엉덩이를 툭 쳤다.

"불어도 못하는 년이 꿈은. 너 생일이야?"

세윤의 눈이 반짝였다. 세윤은 남자의 어깨에 가슴을 바짝 기댔다. 깊게 파인 가슴골을 확실히 볼 수 있도록.

"저번에 말했는데. 나 다음주에 생일이에요. 근데 뭐, 일이나 해야지. 오빠, 혹시 초아 생일 축하해 주러 올 거예요? 그럼 그날 나 비워 둘게."

"야, 너, 그 생일이면 얼마나 써야 하냐? 테이블 풀로 묶고……."

"내가 상무님한테 얘기해서 진짜 서비스 많이 달라고 할게요. 꼭 와요, 응?"

세윤은 촉촉한 눈으로 남자를 바라보았다.

"생일날 일하는 것도 쓸쓸한데……. 오빠 테이블에만 있다가, 끝나고 우리 해장도 같이하고. 응?"

남자는 호쾌하게 말했다.

"그래! 그럼 그날 딱 아침 열 시까지만 해장술 하자!"

세윤은 기대감을 숨기지 못하고 벅찬 목소리로 말했다.

"왜요? 왜 열 시까지야? 혹시……."

"그래, 너 생일 선물 사 줘야지. 술 적당히 먹고 백화점 문열 때, 딱 맞춰서 가자! 요새는 뭐 일찍 가야 들어갈 수 있다며?"

"꺅! 오빠 너무 좋아! 나 그날 진짜 하루 종일 비워 둔다? 상무님한테 지금 당장 그날 예약받지 말라고 할게요?"

세윤은 환호성을 지르며 웨이팅이 적을 듯한 브랜드를 헤아렸다. 최대한 비싸면서도 곧바로 팔 수 있는, 환금성이 좋은 물건이어야 했다. 그렇다고 골드바나 순금 목걸이를 사달라고 할 수도 없는 게, 손님들은 자신이 사 준 선물을 돈으로 바꾸는 행위를 질색한다. 결국 대부분의 선물은 새것 같은 상태로 중고 명품점에 흘러들어 간다.

기분이 좋아진 세윤은 그날 새벽 내내 남자의 테이블에 붙어 앉아 착실히 서비스했다. 어차피 손님도 없어서 초이스를 돌 방도 없었다. 몇 년 전, 클럽에서 마약 사건이 터지고 코로나19가 퍼지면서 화류계도 예전같지 않았다. 거기다 여름은 유흥업소의 극비수기다. 손놈도 손님으로 떠받들어야 하는 시기다.

이미 취해 있던 남자는 양주 두 병을 더 먹자 새벽 여섯 시쯤 고꾸라졌다. 그리고 아침이 되도록 이 모양이다.

'이 새끼, 술도 존나 약하네. 양주 세 병은 기본이라고 하더니.'

세윤은 혀를 차며 담배에 불을 붙였다. 오늘 시킨 두 병의 양주 중 한 병 이상 작업을 쳤다. 아가씨가 작업 친 술은 얼음통에 버려진다. 웨이터는 눈치껏 이십 분에 한 번씩 얼음통을 비우고 그때마다 팁을 받는다. 모든 게 호흡이 잘 맞는 마술 쇼와 같다.

'샤○이 좋긴 한데 요새 개나 소나 산다고 줄이 길어서……. 술 취한 인간 데리고 오픈 런을 뛸 수도 없고……. 티○나나 불○리 주얼리는 웨이팅이 별로 없는데 이 새끼가 그 정도 돈을 쓸까? 꼴을 보니 한 오륙백만 원 생각하는 것 같고……. 그럼 디○이 딱 좋은데……. 아!'

남자의 코 고는 소리를 들으며 세윤은 스마트폰을 꺼내 명품 구매 정보를 교환하는 인터넷 카페에 접속했다.

[다음 주 화요일 아침 신강 디○ 오픈런 알바 구합니다. 아침에 꼭 바로 입장해야 하니 새벽 3시부터 줄 서실 수 있는 분만 연락 주세요. 시급은…….]

◊

유진은 스타펠리스의 계단을 천천히 걸어 내려왔다. 소희
의 태도에서 위화감이 느껴졌다. 일반적으로 남자 친구의 다
른 여자를 알게 되면 어떤 감정을 느낄까? '일반'적으로 남자
친구를 사귀어 본 적이 없는 유진은 알 수가 없었다. 소희에
게는 분노나 슬픔보다는 공포가 느껴졌다. 결국 유진은 아무
런 소득 없이 일 층에 도착했다.

쏟아지는 비를 보고서야 비닐우산을 소희의 집에 두고 왔
다는 사실을 알았다. 오늘은 정말 자신답지 않았다. 유진은
뛰어갈 기운도 없어서 터벅터벅 걸었다. 차에 올라탔을 때는
머리카락에서 물방울이 떨어졌다. 금요일 밤부터 내리기 시
작한 빗줄기는 그치기는커녕 점점 거세지고 있었다.

유진은 스마트폰 화면을 물끄러미 응시했다. 벌거벗은 여
자, 섬세한 코, 탐스러운 곡선을 그리는 가슴…… 어디서 본
것 같은 기분이 들었다. 준영의 대화 상대 중에, 프로필 사
진 중에 본 것 같은 얼굴이었다. 그것도 최근에 보낸 메시지
에 이런 얼굴이 있었던 것 같았다. 그 여자의 다른 사진을 보
면서 묘한 여자라고도 생각했다. 화려한 장소에서, 눈부시게

꾸미고 인형처럼 혼자 놓여 있던 여자. 유진은 준영의 인○타그램 계정을 다시 열었다.

유진은 준영의 인○타그램 DM 창에서 계정 하나를 터치했다. 가슴을 절반 이상 드러낸 원피스를 입은 여자의 프로필 사진이 떴다. 피드에는 셀카 혹은 고급 레스토랑과 해외 여행지에서 찍은 사진이 펼쳐졌다. 그중에 남자 사진은 단 한 장도 없었다. 프로필 사진에 있는 여자만큼 몸매가 좋은 여자들끼리 찍은 사진이 이따금 보일 뿐이었다. 한 시간 전 활동했다는 기록이 보였다. 유진은 여자가 아직 깨어 있기를 기대하며 DM을 보냈다. 오전 열한 시가 가까워지고 있었다.

[응 아라써. 나 짐 퇴근하려고. 금방 갈게!]

귀여운 이모티콘이 연달아 튀어나왔다. 유진은 약속 장소를 압구정동 갤○리아 백화점 스○벅스로 정했다. 준영이 이 여자를 불러낼 때 자주 만나던 장소다. 백화점의 스○벅스는 평일 오전부터 사람이 많았다. 유진은 그 여자를 한눈에 알아볼 수 있었다. 단순히 예쁘거나 몸매가 좋아서는 아니었다. 수면이 낮은 호수에 들어온 심해어 같은, 다른 종이 섞여 들어온 것 같은 이질적인 분위기가 감돌고 있었다. 준영은 이 여자를 초아라고 불렀다. 준영은 꾸준히 초아를 지명했고 없으면 성질을 부렸다. 초아는 준영에 관해서 많이 아는 여자임이 분명했다. 어쩌면 소희보다도 더. 유진은 마른침을 삼켰다. 이곳에 도착하기 전, 유진은 ATM에 들러 현금을 뽑았다. "돈이 곧 마음이고 행동이다." 이것도 아빠가 자주 하던 말이다. 유진은 준영을 찾겠다는 진심을 보여 줄 생각이었다.

"초아 씨 맞으시죠?"

유진이 그 이름을 부르자마자 여자는 눈매를 사납게 치켜떴다. 고양이 같던 귀여운 얼굴이 순식간에 야생동물처럼 변했다. 이런 일이 익숙한 모양이었다. 낯선 여자가 갑작스럽게 찾아오는 일. 여자는 유진을 밀치며 자리에서 벌떡 일어났다.

"씨발, 뭐야? 비켜요, 저 아무것도 몰라요."

아직 아무것도 묻지 않았는데. 유진은 실소가 나오려는 것을 참았다.

"허준영 씨 아시죠?"

유진은 낮은 목소리로 빠르게 말했다. 술집 여자를 추궁하러 온 여자 친구처럼 보이면 이 여자는 입을 다물 것이다. 사람은 본능적으로 자신에게 이익이 될 사람과 손해를 끼칠 사람을 구분한다.

"지금 실종됐어요. 경찰이 찾는 중이고요."

여자의 앙칼진 표정이 약간 누그러졌다. 유진은 머뭇거리지 않고 봉투를 꺼냈다.

"경찰보단 저랑 얘기하는 게 낫지 않으시겠어요? 물론 시간 내주신 비용은 지불할게요."

여자는 손을 내밀어 봉투를 살짝 집었다. 그 동작만으로 충분했다. 여자는 손가락만으로 액수를 알아채는 능력이 있는 게 분명했다. 어느새 고양이 같은 나른한 표정으로 돌아온 여자는 자리에 앉아 아이스 아메리카노를 빨았다. 대학생처럼 어려 보이는 피부에 속눈썹이 길고 눈썹이 선명했다.

"저 시간 별로 없어요. 아직 잠도 못 잤고 더럽게 피곤하니까 빨리 얘기하죠. 뭐가 궁금해서 오셨어요?"

유진은 빙그레 웃었다. 역시 진심은 통하기 마련이다.

준영이 샤워하러 욕실로 들어가자 세라는 입술을 꽉 깨물었다.

'고작 방사선사 주제에.'

세라는 준영이 감격할 줄 알았다. 아무리 집이 잘산다고 해도 준영은 의사가 아니라 방사선사다. 제 분수에 과할 정도로 선물 공세를 하는 준영이 정작 사귀자는 얘기를 하지 않은 까닭은 자신이 감히 범접할 수 없는 상대이기 때문이라고 생각했다. 나이도 훨씬 어리고 키도 자신이 더 크고 무엇보다 우신대학병원의 여신으로 불릴 정도의 미모가 있으니까. 가끔 셀카나 명품 사진만 올리는 인○타그램의 팔로워는 삼만 명이 넘었다. 그런 자신이 준영을 선택한 것은 차선책이었다. 하지만 이번에는 눈물을 흘리지 않았다. 더욱 매혹적으로 웃었다. 다른 계획이 있었다.

세라는 내과로 향했다. 평소에 가던 소화기가 아니라 흉부외과였다. 준영에게 거절당한 이후 세라는 새로운 타깃을 잡았다. 현성과 준영에게 복수하면서 동시에 신분 상승의 꿈도 이룰 수 있는 계획이 있었다. 바로 박수재 교수와 사귀는 일.

수재는 나이가 많긴 해도, 남자다운 외모와 큰 키, 건장한 체형으로 실제보다 젊어 보였다. 거기다 중요한 건 레지던트도 펠로우도 아닌 교수라는 점이다. 성공하기를 기다릴 필요 없이 수재는 이미 성공한 의사였다. 페○리 로마를 몰고 다니는 것만 봐도 충분했다. 장점은 또 있었다. 수재와 사귄다면 전 남자 친구인 최현성을 마음껏 무시할 수 있다. 현성에게 수재는 까마득한, 그야말로 어려운 선배다. 마지막으로 수재와 준영이 소문처럼 처남, 매형 사이라면 준영의 쩔쩔매는 얼굴도 볼 수 있을 것이다. 오로지 장점뿐인 계획이었다. 한 가지 단점이라면 수재가 유부남이라는 사실이었지만.

하지만 세라는 그렇기에 오히려 더 승산이 있다고 판단했다. 유부남이라면 아내를 지겨워하기 마련이다. 세라는 평소처럼 서서히 접근하는 대신 정면 돌파하기로 결심했다. 유부남은 상대방이 저돌적으로 나오기 전까지는 미적지근하게 군다. 어차피 피울 바람, 왜 이렇게 지루하게 시간을 끄는지 모를 노릇이었다. 최대한 망설이는 게 아내에 대한 최소한의 예의라고 생각하는지도 몰랐다. 세라는 수재가 혼자 있는 것을 확인하고 문을 두드렸다. 이제 오 분 안에 승부를 봐야 한다. 여기서 실패하면 사표 쓸 각오를 했다.

"……오세라 쌤? 무슨 일이시죠?"

"교수님, 저 부탁이 있는데……. 혹시 수면제 처방을 부탁드려도 될까요?"

"수면제? 그건 정신과에 가서 진료를 받아야지요. 예약이 힘들어서 그런가요? 연락 넣어 줄 수는 있어요."

전화기를 들려는 수재의 손을 세라는 가만히 잡았다.

"교수님, 그냥 개인적인 부탁을 드리는 거예요. 제가……
요새 너무 힘들어서요."

커다란 눈에 눈물이 가득 고인 얼굴을 수재는 난감한 듯 바라보았다. 그리고 잠시 후 수재는 전화기를 내려놓고 세라의 손을 잡았다.

"무슨 일인지…… 도울 수 있는 거면 도와 드릴게요."

세라는 맞잡은 손 위로 폭 엎어지며 가냘프게 흐느꼈다. 그리고 속으로 미소를 지었다. 가장 어려운 단계는 성공한 셈이다. 지금부터는, 복수할 시간이다.

세윤은 잠든 남자 옆에서 스마트폰을 만지며 시간을 죽였다. 이따금 흔들어 깨우는 것도 잊지 않았다. 밤새 제대로 먹은 것이 없어 허기가 졌다. 세윤은 핸드백에서 나비 모양 알약을 꺼내 꿀꺽 삼켰다. 단골에게 받은 식욕 억제제. 이십 대 후반이 되자 몸에 군살이 붙었다. 매일 술을 마시니 다이어트를 제대로 할 수도 없고 지방 흡입술을 받기에는 시간이 부족했다. 세윤은 아는 의사가 많았다. 모두 손님으로 만난 것이지만.

말티즈. 식욕 억제제를 갖다준 손님의 별명이다. 세윤은 픽 웃으면서 불○리 세르펜티 시계를 흘끗 보았다. 벌써 오전 열 시가 넘었다. 이 정도는 이 바닥에서 진상으로 치지도 않는다. 세윤은 여전히 일어나지 않는 남자의 등을 발로 툭 밀었다. 코 고는 소리가 더 커졌다. 세윤은 담배에 불을 붙이고 다시 한번 발로 찼다. 이번에는 좀 세게. 회사는 안 간다 쳐도 집도 없나?

"야, 빡세! 너, 손님한테 뭐하는 짓이야?"

지나가던 최 상무가 세모눈을 떴다. 구 년 전, 스무 살이었던 자신을 스카우트한 것이 최 상무다. 처음에는 세윤의 비위를 맞춰 가며 일을 시키던 최 상무도 이제는 자신이 성질을 부릴 때마다 빡센 년이라며 빡세라고 불렀다. 역시 가게를 옮겨야겠다. 세윤은 대꾸 없이 담배 연기를 뱉었다. 스마트폰이 진동했다. 업무용 번호다. 세윤은 최 상무를 무시하고 손가락으로 화면을 톡톡 쳤다.

"삼촌! 나 들어갈게요!"

피곤에 찌든 얼굴로 최 상무가 남자를 눈짓했다. 말투에 짜증이 가득했다.

"야, 손님 깨워 드리고 가야지."

"말티즈가 지금 보재! 오늘 저녁에 오라고 꼬셔볼게요. 됐죠?"

세윤은 최 상무의 입가가 풀리는 것을 보고 빠르게 룸을 벗어났다. 아가씨를 밖에서 보려면 가게 TC(테이블 차지)보다 더 많은 돈을 내야 한다. 앉아서 밥만 먹어도 몇십만 원을 벌수 있는 고액 알바다. 더군다나 지금 연락한 손님은 선물 인심도 후했다. 점심은 아마 늘 가던 오마카세 스시 집일 것이다. 오랜만에 인○타그램도 업데이트할 수 있게 됐다. 말티즈는 가게에서는 진상이지만 밖에서는 좋은 남자니까. 말티즈라는 별명을 처음 붙인 사람은 친하게 지내는 동생, 조이다.

"하, 저 말티즈 새끼. 또 지랄병 도졌네."

대기실로 들어온 조이는 담배에 불을 붙이며 낮게 중얼거렸다. 담배 연기를 뱉던 세윤은 조이를 쳐다봤다. 스물두 살인 조이는 만화에서 튀어나온 것처럼 비현실적으로 허리가 가늘고 가슴이 컸다. 타고난 가냘픈 골격에 가슴 수술과 꾸준한 운동 덕분이었다. 조이와 길거리를 다니면 여자든 남자든 고개를 돌려 바라보았다. 세윤은 조이 정도가 되려면 얼마나 살을 빼야 할지 가늠하며 대꾸했다.

"말티즈? 그게 누군데?"

"언니네 단골 변태 새끼."

세윤은 깔깔대고 웃었다.

"아, 알지. 나 지금 그 새끼 피해서 쉬고 있잖아. 하, 진상 새끼. 밖에서 보면 돈도 잘 쓰고 존나 젠틀한데……."

"그러니까. 완전 말티즈 새끼야."

"왜? 작고 귀엽게 생겼는데 성질이 개같아서?"

"아니, 이중인격이라서. 내가 말티즈 키우잖아. 얘들이 잘 보이고 싶은 사람한테는 눈도 동그랗게 뜨고 온갖 애교 부리면서, 지보다 서열 아래라고 생각하면 손도 못 대게 하고 아주 난리도 아니야."

"말티즈는 귀엽기라도 하지, 저 새끼는……."

"대신 돈이 많잖아."

세윤과 조이는 눈을 마주치고 크게 웃었다.

"말티즈 앙앙대기 전에 들어가자."

"그래, 말티즈는 참지 않으니까!"

세윤은 웨이브를 넣은 긴 머리를 높게 묶고 강아지 일러스트가 그려진 헐렁한 구○ 티셔츠와 엉덩이가 돋보이는 레깅스를 입었다. 허리의 군살은 감추고 늘씬한 다리를 보여 주기 위해서다. 여기에 핑크색 샤○ 트위드 스니커즈, 그리고 손바닥만한 샤○의 핑크 하트 백을 걸치자 돈 많은 대학생처럼 산뜻해 보였다. 세윤은 흡족한 마음으로 콜택시를 불렀다.

자신을 부른 이는 준영이 아니라 낯선 여자였다. 개같네. 세윤은 욕을 뇌까렸다. 이런 경우가 처음은 아니다. 남편이나 남자 친구의 스마트폰에서 세윤의 번호를 보고 찾아오는 일들. 심지어 부인도 아닌 세컨드가 머리채를 잡으러 오는 일도 있었다. 세윤은 벌떡 일어났다. 도대체 남편과 잔 여자한테 무슨 볼일이 있어서 오는 건지 세윤은 모를 노릇이었다. 이 나라에는 카페보다 몇 배나 많은 유흥업소가 있다. 등록된 것만 그 정도니 실제로는 어디서든 돈 주고 여자를 살 수 있다고 해도 과언이 아니다. 자신은 상품이고 남자는 손님이다. 상품이 판매를 거부할 수 있나? 거부한다면 손님은 다른 상품을 찾아갈 것이다.

아무리 감정을 누르려고 해도 남편, 남자 친구가 잔 여자 앞에서는 태연하기 어렵다. 우아한 척 말을 꺼내 봤자 끝내는 머리채를 잡고 쌍욕을 한다. 반면 말티즈, 준영을 찾으러 왔다는 여자의 태도는 사무적이었다. 세윤을 보는 눈동자는 지극히 차분했다.

"실례지만 이 여자 분이 초아 씨 아닌가요?"

호텔에서 여자가 벌거벗고 자는 사진이었다. 딱 봐도 몰카다. 세윤은 코웃음을 쳤다. 이 바닥 구력이 몇 년인데, 이런 사진을 찍힐 만큼 허술하지 않다. 또 찍혔다 해도 이 바닥만의 해결 방식이 있다. 역시 말티즈 새끼, 밖에서도 더럽게 노는구나. 세윤은 다시 한번, 찾아온 여자가 준영의 연인이 아니라고 확신했다. 남자 친구의 스마트폰에서 나온 이런 사진을 보고 초연하기란 불가능하다.

"이 여자, 저 아닌데요."

역삼동 유흥주점 오아시스 종업원, 초아의 증언

"준영 오빠? 잘 알죠. 여기 VIP 회원제인 건 아시죠? 개나 소나 올 수 있는 곳은 아니에요. 그만큼 주대도 비싸고. 그런데 평균 일주일, 적어도 이 주에 한 번은 와요. 접대할 때 말

193

고 혼자서도 오고. 그걸 땁방이라고 하는데. 하 참, 이 오빠가 매출은 잘 올려 주는데 땁방이나 이차에서 너무 더러워. 맨 정신일 때는 그나마 괜찮아요. 그런데 술도 더럽게 좋아해서 존나 마시는데 취하면 주사가 장난이 아니야. 아주 개진상. 거의 강간한다니까? 근데 매출을 왕창 올려 주니까 마담 언니도 뭐라고 못 하지. 뭐 이차 있는 거 이미 알고 오셨는데 숨겨서 뭐해. 그리고 꼭 키 큰 여자 좋아해서 무조건 몸매 좋고 키는 백칠십 넘는 아가씨만 초이스하고. 지보다 키 큰 여자 때리는 게 취미인가 봐. 그리고 다음 날 술 깨면 아가씨 불러서 사과하고 명품 안기고 쉬라고 돈 주고, 마담한테도 아가씨 쉬는 만큼 돈 주고. 돈으로 다 해결하는 새끼예요. 암튼 그래서 테이블은 뛰어도 애프터는 잘 안 나가요. 아무리 돈이 좋아도 까딱하면 진짜 죽을 수도 있는 게 이 바닥이야. 자기 목숨 자기가 챙겨야지. 안 그래? 나 죽으면 형사님이 찾아 줄 거야? 암튼 준영 오빠가 주로 병원 교수나 의사들한테 접대하거든요? 그날도 그런 날이었어요. 술도 글○피딕 오십 년으로 몇 병이나 까고 아가씨도 에이스로만 풀로 묶어서 매상 장난 아니었지. 근데 술 잘 처마시다가 지들끼리 처싸우더라고요? 아니, 접대하는 교수 말고 같이 온 일행. 뭐 지들 말로는 처남, 매형 사이라는데 진짠지 아닌지는 모르죠."

"이 여자, 저 아닌데요."

유진은 사진과 세윤을 번갈아 들여다보았다. 이목구비는 비슷했지만 실제로 보니 눈앞의 여자가 더 눈에 띄는 화려함이 있었다. 무엇보다 초아의 코에는 점이 없다. 화장할 때 점을 찍는다 해도 잘 때는 지울 것이다.

"다행이네요. 준영 씨를 마지막으로 본 건 언제인가요?"

"말티…… 아니, 준영 오빠요? 글쎄……. 저번에 언제 왔더라? 잠시만요."

스마트폰을 꺼낸 초아는 누군가와 통화했다. 목소리를 낮추는 기색마저 없었다.

"어, 삼촌. 저번에 말티즈 언제 왔어? 아! 대충 말하지 말고. 지금 만나고 있는 거 아니냐고?"

초아는 유진을 힐끗 쳐다봤다.

"아냐, 내가 착각했어. 취했나 봐. 다른 손님이야. 누구냐고? 아무튼 언제 왔냐니까? 예약 확인하는 게 뭐가 어려워?"

잠시 실랑이를 벌이던 초아는 전화를 끊고 대답했다.

"지지난 주 화요일이라네요. 그런데, 뭐 경찰이세요? 아님

흥신소?"

오늘 이 말을 두 번 들었다. 유진은 회사를 그만두면 탐정을 하는 것도 괜찮겠다고 생각하며 입을 열었다.

"비슷한 셈이죠. 그럼 아시는 대로 얘기해 주세요."

초아의 얼굴에 귀찮은 기색이 역력했다. 예상했던 바다. 유진은 가방에서 두 번째 봉투를 꺼냈다. 뭐든지 한 번에 주면 고마워하지 않는 법이라던 아빠의 말은 틀리지 않았다. 초아는 금세 눈을 빛내며 살갑게 굴었다.

"뭐부터 말할까? 언니라고 불러도 되죠? 준영 오빠 안 지는 오 년? 육 년? 그쯤 됐어요. 오아시스에서 일한 초창기부터 봤으니까. 텐프로라고 들어 봤죠? 모르나? 암튼 엄청 비싼 회원제 술집이라고 보면 돼요. 아가씨들도 준연예인급? 거의 연예인 정도로 벌고. 준영 오빠는 내 단골이고 돈 잘 써서 거기서 VIP예요. 아주 우리 상무가 설설 기어요. 발가락도 빨아 줄걸."

초아는 잠시 말을 멈추고 유진의 표정을 살폈다. 초아의 눈 꼬리가 살짝 올라가며 새침해졌다.

"근데 진짜 거기는 이차 뛰고 뭐 그런 자리는 아니에요. 테이블만 앉아도 되고 술도 안 마셔도 되고, 아가씨 터치하는 것도 안 되는 곳이라서. 그런데 굳이 돈 벌고 싶은 애들은 뭐 손님이랑 사적으로 만나기도 하고 연애도 하겠죠. 저도 준영 오빠 몇 번 밖에서 본 적은 있어요."

"그러시군요. 만나서 뭘 하셨나요?"

초아는 픽 웃었다.

"언니, 남자 여자 만나서 하긴 뭘 하겠어요. 밥 먹고 술 먹고 떡도 치지."

유진은 조용히 고개를 끄덕였다. 초아의 말은 앞뒤가 맞지 않았다. 남자들에게 대접받으며 손쉽게 돈을 버는 것처럼 허세를 부리다가도 어느 순간에는 파트너의 일행에게 매춘 사실을 솔직하게 밝혔다. 유진은 그 점을 군이 지적하려 들지 않았다. 지금은 초아가 말을 많이 하는 게 더 중요하다. 어떤 거짓에도 진실이 섞이게 되어 있으니까.

"최근에 특별히 다른 점은 없었나요? 아니면 주말에 연락이라도?"

초아는 거의 다 마신 아이스 아메리카노를 빨대로 쪽 소리가 나게 빨았다.

"없었어요. 아! 몇 달 전에, 언제더라? 한참 됐는데? 한 두세 달 됐나? 밤에 일하면 시간 가는 줄 몰라서. 같이 온 일행이랑 존나 싸우고 병 깨고 간 적 있어요. 참, 양주 병은 웬만해선 안 깨지거든. 경험상 알아."

뭐가 웃긴 건지 초아는 깔깔대고 웃었다.

"일행이랑 싸웠다고요? 이유가 뭐죠?"

"일행 중 한 명이 나랑 이차 나가자고 그래서. 물론 우리 가게는 애프터 안 가지만, 아무튼 룸에서도 남의 파트너 손대는 거 진짜 말이 안 되는 거거든. 근데 그쪽이 꼴았는지 꼴렸는지 나랑 가려고 해서 준영 오빠가 빡 돌아서 뭐라 하니까 그 새끼도 치고 난장판 됐죠. 그래. 암튼 그 일행이 뭐 매형이라던가? 지들끼리 매형이네 처남이네 하는데 모르죠. 진짜인지 아닌지. 워낙에 룸만 들어오면 형님이네, 가족이네 없던 핏줄이 막 생겨서."

"그 매형이라는 분, 혹시 일하는 병원이나 이름 아세요?"

"잠만요."

초아는 샤○백에서 스마트폰 두 개를 꺼내더니 그중 하나를 터치했다. 유진의 시선을 의식한 초아는 대수롭지 않게 말했다.

"하나는 업무용이에요. 여기 있네, 그때 명함 받았어요. 따로 연락한 적은 없고."

초아가 내민 화면에는 우신대학병원 명함이 찍혀 있었다. 유진이 생각에 잠기는 동안 초아는 천진한 목소리로 물었다. 진심으로 궁금하다는 듯이.

"근데 준영 오빠 진짜 의사예요?"

유진은 보일 듯 말 듯 한 미소를 지었다.

"준영 씨가 뭐라고 하던가요?"

"아리까리하죠. 우리한텐 맨날 의학적으로 어쩌고저쩌고 아는 척은 존나 하고 약도 갖다주고 그러니까 의사 같기도 하고. 병원 사람들이랑 하는 얘기 들어 보면 또 의사가 아니라 무슨 사업 쪽인 거 같고? 사기 치는 새끼들이 한둘이 아니니까 믿을 수가 있어야지."

초아는 일어서기 전, 유진에게 다짐하듯 다시 한번 말했다.

"근데, 언니. 진짜 준영 오빠 애인 아니죠?"

"네. 무슨 말씀이든 하셔도 돼요. 오늘 들은 얘기는 어디서도 안 할 거고요. 전 단지 준영 씨가 지금 어디에 있을지, 그것만 알아보려고 온 겁니다."

"그럼 아까 받은 디엠 삭제할게요. 언니도 준영 오빠 폰으로 저한테 보낸 거 삭제하세요. 괜히 경찰 찾아오고 그럼 일에 지장 있거든요. 알겠지만, 우리가 그쪽이랑 사이가 좀 그래서."

유진은 초아가 보는 앞에서 인○타그램 DM을 삭제했다. 초아는 일어서다 말고 중요한 얘기라도 하는 것처럼 목소리를 낮췄다.

"그리고 준영 오빠 폰, 계속 켜 두세요."

유진이 한쪽 눈썹을 살짝 올렸다.

"데이터가 많이 쌓이면 메시지 지운 거, 복구 안 되거든요."

유진의 의아한 눈빛에 초아는 눈을 찡긋했다. 영화배우처

199

럼 능숙하고 매력적인 윙크였다.

"그것도 경험상 아는 거예요."

"두 시간이나 기다려야 하더라고."

세라가 자리에 앉자 수재는 옆에 두었던 커다란 쇼핑백을 내밀었다. 선명한 오렌지색에 파란색 손잡이가 달린 쇼핑백은 입구에서부터 한눈에 보였다. 수재는 약간 부끄러워하는 얼굴이었다. 고지식하게 백화점에서 이름을 걸고 대기한 모양이다. 세라는 감동한 표정을 지었다.

"바쁘실 텐데, 저 선물하려고 기다리신 거예요? 너무 감동이에요, 교수님."

꼭 매장에서 사지 않아도 방법은 많다. 편집숍에서 사거나 구매 대행을 해도 된다. 하지만 수재는 명품관 대기 알바가 있다는 사실조차 모를 것이다. 루○비통 쇼핑백은 크고 무거웠다. 세라는 식사가 나오기 전에 쇼핑백을 풀어 헤쳤다. 온 더고, 쇼핑백 모양으로 각이 진 디자인의 신상품이다. 명품에 실용적이라는 수식어가 아이러니하긴 하지만, 수재의 성격답게 실용적인 가방이었다.

세라는 출퇴근용으로 들기 딱 좋다고 생각했다. 늘 대충 가방에 물건을 쓸어 담는 성격 탓에 연약한 카프스킨이나 램스

201

킨 레더는 금세 흠났다. 이제 때가 됐다. 남자가 여자에게 명품 선물을 한다는 건 홀딱 빠졌다는 증거다. 명품 선물을 하기 위해서는 시간과 돈이 필요하다. 그리고 남자는 귀찮은 것을 가장 싫어하는, 그리고 손해 보는 짓을 절대 안 하는 종족이다. 이제 수재에게 이혼이라는 선택지를 보여 줄 참이었다.

와인을 한 병 비운 세라는 촉촉한 눈으로 수재를 바라보며 말했다.

"교수님, 전 정말 교수님 같은 분과 결혼하고 싶었어요. 저는 아빠가 돌아가셔서…… 나이 차가 있는 분한테 끌리더라고요."

수재는 말이 없었지만, 눈동자에 안타까움과 연민이 서렸다. 무언가 생각하던 수재는 주말여행을 가자고 했다. 유부남과의 연애에서 반드시 지켜야 하는 규칙은 두 가지다. 집에 있을 때 연락하지 말 것, 주말에 만나자고 하지 말 것. 이 규칙이 깨지는 순간 관계는 끝나거나 다른 관계로 발전한다. 세라는 생긋 웃었다. 자신과 수재는 다른 관계로 발전하게 될 것이다.

오늘 수재가 예약한 호텔은 준영과 마지막으로 갔던 곳이었다. 준영이 자신을 거절했던 날. 동시에 수재에게 접근하기로 결심했던 밤이다. 세라는 인생의 묘한 우연에 쓰게 웃었다. 그리고 두 달 만에 수재와 이곳에 오다니, 인생이 계획대로 풀려 가는 것 같았다. 여기서 작은 실수로 고꾸라질 수는 없다. 모든 것은 완벽해야 한다. 마지막 순간까지. 프런트 직원이 세라를 기억할 리는 없을 것이다. 그래도 세라는 수재가 체크인을 하는 동안 머리카락을 늘어뜨려 한쪽 얼굴을 가렸다.

남산이 바로 보이는 이 호텔은 룸 안에 사우나와 풀이 설치되어 있다. 수재가 사우나를 하는 동안 세라는 샤워기를 틀어 놓고 변기에 저녁 식사를 게워 냈다. 여기 올 줄 알았으면 프렌치 코스를 끝까지 안 먹는 건데. 디저트까지 나온 것을 확인한 뒤 세라는 팩트를 꺼내 발개진 눈가를 꾹꾹 눌렀다. 다행히 침샘은 붓지 않았다. 이를 닦고 가글까지 마친 세라는 옷을 벗고 몸을 꼼꼼히 살폈다. 몽땅 토한 덕분에 배는 납작했다. 세라는 다시 한번 거울을 보고 가장 매력적인 미소를 지었다.

사우나에서 나온 발걸음의 멈춤이 느껴졌다. 세라는 등 뒤로 뜨거운 수재의 시선을 느끼며 슬쩍 웃었다. 세라는 풀 안에서 엎드린 채 창밖을 바라보고 있었다. 수재와의 잠자리는 이미 몇 번이고 했지만, 이토록 밝은 불빛 아래에서 알몸을 보여 주는 건 처음이었다. 그러니 충격적일 정도로 완벽해야 했다. 바닥에 샤워 가운이 떨어지는 소리가 들렸다.

수재는 섹스를 끝내자마자 낮게 코를 골며 잠이 들었다. 세라는 소리 없이 침대에서 빠져나왔다. 루○비통 가방에서 스마트폰을 꺼내 무음으로 설정한 카메라를 켰다. 세라는 여러 각도에서 사진을 찍은 뒤 수재의 얼굴이 잘 보이도록 보정했다. 이 사진을 본다면 어떤 아내라도 참기 힘들 것이다.

　'어떤 결심에는 도움이 필요한 법이니까.'

　세라는 어두운 창문에 비친 자신의 모습을 보았다. 아주 가까운 곳에서 남산서울타워가 반짝였다. 정말 완벽한 밤이었다.

준영은 목이 탔다. 하지만 애써 술을 참았다. 대신 미소를 지었다. 많은 여자의 호감을 샀던 표정이었다. 누군가는 '모성애를 자극하는 매력'이 있다고 말했다. 하지만 눈앞의 여자는 무표정하게 앉아 있을 뿐이었다.

미슐랭 별 세 개를 받은 스시 집 마보로시는 한 달에 단 한 번만 예약을 받았다. 물론 준영은 일주일 전에 전화해서 룸 하나를 통째로 뺄 수 있었다. 자신은 이곳의 VIP 단골이자 투자자였다. 말이 소개팅이지 서로 집안을 빠삭하게 알고 앉은 자리다. 준영은 여자가 들어선 순간 빠르게 점수를 매겼다. 자신이 강조했던 큰 키에 적당히 날씬한 몸매. 얼굴은······ 뭐 나쁘지 않다. 화장기가 거의 없는 얼굴에서는 중성적인 분위기가 풍겼다. 어차피 예쁜 애들은 술집에서 만나면 된다. 한마디로 너무 나쁘지만 않으면 결과가 정해진 자리란 얘기다. 몇 개월간의 형식적인 데이트, 그리고 상견례, 결혼으로 이어지는. 그런데 여자가 앉자마자 꺼낸 얘기는 준영의 기분을 상하게 하기 충분했다.

"준영 씨, 본론만 말할게요. 다른 좋은 분 만나세요. 죄송합니다."

준영은 잠시 말을 잃었다.

"유진 씨, 제가 뭐 실수했나요?"

"아니요. 순전히 제 문제예요. 정말 실례했습니다."

준영은 일어서려는 여자를 황급히 잡았다. 알 수 없는 오기가 치솟았다. 자신은 원하는 것을 한 번도 놓친 적이 없다. 그리고 이 결혼에서는 얻을 것이 많았다. 특히 아버지가 원하는 결혼이었다. 반드시 이 여자의 마음을 돌려놓고 말겠다고 결심했다.

"유진 씨, 이렇게 돌아가시면 저도 곤란해집니다. 어차피 우리 부모님들이 다 아시는 자리잖아요. 제 생각도 해 주세요."

준영의 말에 일어서려던 여자가 다시 자리에 앉았다. 미간을 찌푸린 여자에게서 난감한 기색이 역력했다.

"이렇게 하시죠. 저랑 딱 세 달만 만나고 그다음에도 아니라고 하시면 두말 안 하겠습니다. 그 정도 기간이면 서로 부모님에게 둘러댈 이유도 되고요."

잠시 고민하던 여자는 고개를 끄덕였다.

"대신 원하시는 데이트는 못 할 수도 있어요. 지금 바쁘기도 하고…… 누굴 만날 생각이 없어요."

"걱정 마세요. 유진 씨 편한 시간에, 일주일에 한 번, 아니면

격주에 한 번, 식사 정도로 충분합니다. 혹시 다른 사람 만나고 계신 건 아니죠?"

넉살 좋게 던진 말에 여자는 작게 웃었다. 그리고 신형 아○폰을 내밀었다.

"제가 오늘 스마트폰을 바꿔서요. 연락처 알려 주세요. 바뀐 번호 알려 드릴게요."

'세 달이면 충분하다. 반드시 넘어오게 해 주지.'

좋은 예감에 준영은 다시 미소를 지으며 아이폰을 받아 들었다. 준영이 눈짓하자 셰프가 싹싹하게 다가왔다.

"안녕하세요? 마보로시의 오남석 셰프입니다. 반갑습니다. 오늘 코스에 어울리는 술을 준비해 두었습니다. 마보로시 준○이긴죠, 일본어로 마보로시는 환상이라는 뜻이죠. 한 모금 머금으면 화려한 향이 펼쳐졌다 환영처럼 사라지는, 목 넘김이 깔끔한 명주입니다."

○

전화를 끊은 유진은 입고 있던 니트의 작은 보풀을 뗐다. 하나, 둘, 셋……. 잘 보이지도 않던 작은 보풀들은 오히려 더 큰 자국을 남기며 떨어졌다. 하지만 유진은 그 사실을 의식조차 하지 못한 듯 기계적으로 보풀을 찾아 뜯었다. 누군가 유진의 손을 잡았다.

"유진아, 그만해. 엄마가 뭐라고 하신 거야?"

"……선보라고. 결혼하라네."

팔짱을 낀 채 침묵을 지키던 여자는 입을 열었다.

"그래서, 나랑 이제 헤어질 거야?"

유진은 여자 친구 제이의 얼굴을 바라보았다. 날 선 말투와 달리 힘 빠진 표정을 보니 마음이 아팠다.

"아니야. 그럴 리가 없잖아."

"아니긴 뭐가 아니야? 넌 결국 항상 엄마가 시키는 대로 하잖아. 우리 계속 호주에 있었으면 이런 일도 없었을 텐데. 대체 뭐가 항상 무서운 거야?"

제이는 결국 소리를 질렀다. 그 말이 맞았다. 자신은 항상 두려웠다. 엄마도 아빠도 그리고 다른 사람의 시선도.

"제이야, 진정해. 난 너랑 헤어지지 않아. 그러지도 않을 거고."

"방금 전에는 엄마한테 알겠다고 했잖아. 소개팅 하나 거절 못 하면서 어떻게 우리 관계를 이어 가자는 거야?!"

"내가 어떻게 하면 믿어 줄 거야? 난 정말 너랑 헤어지고 싶지 않아. 정말……."

"그 남자한테 사진 보내지 마. 내가 너 대신 나가서 거절하고 올 테니까."

용산 더 힐 센트럴파크뷰 1301호, 입주민의 증언

"1302호 사는 사람? 얼굴은 알죠. 젊은 여자 살잖아요. 회사 다니는. 어떠냐고요? 잘 모르죠, 저야. 출근할 때 엘리베이터에서 몇 번 얼굴 본 정도? 네? 요즘 누가 엘리베이터에서 인사해요? 그냥 타지. 형사님은 엘리베이터에서 마주치는 사람한테 인사해요? 옆집에 누가 사는지는 아세요? 아무튼 비슷한 시간에 타니까 그냥 직장 다닌다고 생각했죠. 여기 일 년 넘게 살았는데 특별한 일은 없었어요. 지난주 금요일요? 뭐 별일 없었던 것 같은데. 아, 한 가지 있네요. 제가 금요일에는 거의 집에서 영화를 보거든요? 치맥 하면서. 약속 없으면 대체로 그래요. 지난주에도 한 아홉 시에서 열 시 사이? 넷○릭스 보고 있는데, 예? 뭐 봤냐고요? 〈패싱〉 봤어요. 형사님도 안 보셨음 보세요. 흑인이 백인 행세를 하는 건데……. 그게 중요한 게 아니라고요……. 네, 그렇죠. 아무튼 한창 보고 있는데 옆집에서 싸우는 소리가 나더라고요. 솔직히 여기가 비싼 오피스텔이긴 한데 옛날에 지어서 그런지 방음은 별로예요. 복도식 오피스텔이라 현관문 앞에 CCTV도 없고. 대신 사이즈가 크죠. 중요한 장면에서 싸우는 소리가 들리길래 좀 짜증이 났죠. 찾아갔냐고요? 아뇨. 가끔 나는 소음이야 서로 엑스큐즈 하는 거죠. 어떻게 맨날 죽은 듯이 살아요. 대화 내용? 그거야 모르죠. 말소리까지 들리면 벽이 아니라 창호지죠. 근데 누구 물어보시는 거예요? 옆집에 여자 두 명 살잖아요. 나이 비슷한."

제이는 남자의 말을 흘려들으며 차를 머금었다. 은은하면서도 상큼한 향기가 온몸을 휘감았다. 펼쳐 본 메뉴판에서는 차 종류만 백 개가 넘었다. 전문 티 하우스라니, 이런 건 커피로 유명한 호주에서도 본 적이 없다.

'지금쯤 유진이는 무슨 생각을 하고 있을까?'

제이는 흘러내린 머리카락을 귀 뒤로 넘겼다. 귀국할 때만 해도 쇼트커트였던 머리는 어깨에 닿을 정도로 길어졌다. 항상 귀가 드러나도록 짧게 자르던 머리를 기르기 시작한 것은 한국에 온 이후부터다. 제이는 한국인이지만 유진과 함께 오기 전까지 한국에 와 본 적이 없었다. 정확히는 호주, 시드니를 벗어나 본 적도 없었다. 교포 이세인 제이의 부모님은 시드니 한인타운에서 슈퍼마켓을 운영했다. 제이는 고등학교를 졸업하고 파트타임으로 바에서 일했다. 바는 제이를 보러 온 여자들로 장사가 잘됐다. 검은색 민소매 유니폼을 입은 제이를 보고 누군가는 케이트 모에닉을 닮았다고 했다.

"케이트 모에닉? 그게 누군데?"

"레즈비언 드라마에 나온 주인공인데, 엘 워드 안 봤어?"

제이는 고개를 저었다. 어린 시절, 종일 슈퍼마켓에서 일해야 했던 부모님은 제이에게 한국 드라마 DVD를 틀어 주었다. 드라마를 통해 한국의 모든 것을 배웠다. 재벌의 존재, 십대부터 공부에 목숨을 건다는 것, 그리고 한국에는 계급이 있다는 것.

그래서 제이는 유진을 보자마자 알 수 있었다. 돈 많고 어리고 예쁜, 한국에서 상류층임이 분명한 여자. 자신의 재능을 발휘해야 할 때다. 유진과 눈을 마주친 순간, 제이는 씩 웃었다. 케이트 모에닉을 닮았다고 한 그 미소다.

제이는 늘 여자에게 인기가 많았다. 레즈비언이라는 걸 깨닫기 전부터 소녀들은 제이를 보면 얼굴을 붉혔다. 제이는 가끔 자신이 여자에게 인기가 많아서 레즈비언이 된 건지, 아니면 레즈비언으로 태어나서 여자에게 인기가 많은 건지 궁금했다. 답이 없는 고민이었다. 어쨌거나 지금 자신은 레즈비언이고 호주는 동성 결혼이 가능한 나라다. 돈 많은 여자 친구만 있다면 지긋지긋한 슈퍼마켓 따위를 떠나 수영장 딸린 저택에서 대낮부터 샴페인을 마실 수 있다. 한국 드라마에서는 돈 많은 자식을 둔 부모가 애인을 찾아와 헤어지길 강요했다. 봉투를 거절해서 뺨을 맞는 주인공을 보면 답답했다. 자신이라면 봉투를 받고 영원히 사라질 것이다.

제이는 늘 돈을 많이 갖고 싶었다. 자신이 친구들 사이에서 골드 디거라고 불린다는 사실도 안다. 제이는 그게 부끄럽지 않았다. 항상 매달리는 쪽은 상대방이었다. 돈이 많건 적건 우위에 있는 이는 본인이었다.

처음으로 온 고국은 낯설었다. 사람들은 자꾸 자신을 힐끔 거렸다. 길거리에서도 음식점에서도. 제이는 유진에게 물었다.

"사람들이 날 왜 쳐다보는 거야?"

유진은 작게 속삭였다.

"네 머리가 짧아서 그래."

제이는 어리둥절한 채 반복했다.

"머리가 짧아서?"

유진은 소리 죽여 웃었다. 유진을 처음 만난 날이 떠올랐다. 얼굴을 붉히던 순진한 소녀. 하지만 연인으로 알게 된 유진은 마냥 순진하지 않았다. 오히려 계산이 빠른 쪽에 가까웠다. 유진이 순진해 보이는 것은 그래도 될 때뿐이었다. 문제가 생기면 곧장 행동에 나섰고 항상 답을 찾았다. 유진의 엄마에게서 귀국하라는 연락을 받던 날도 그랬다.

"제이, 나 한국에 가야 해."

유진은 긴장한 얼굴이었다. 제이는 소리치고 싶은 것을 간신히 참았다. 네가 엄마 소유물이야? 이 나이에, 엄마가 부른다고 쪼르르 가게? 제이는 굳은 얼굴로 어금니를 깨물었다.

"그래서? 날 떠난다고?"

유진이 제이의 손을 잡았다. 전문가의 손길로 깔끔하게 정리된 손톱. 굳은살 같은 건 없는 온통 말랑말랑한 부드러운 손.

"너만 괜찮다면…… 내가 한국에 같이 살 집을 구할게. 일 년 안에 공무원 시험에 합격하면 둘이 살기는 충분할 거야."

그리고 유진은 정말 그 약속을 지켰다. 제이는 아주 나중에서야 한국 공무원 시험의 경쟁률을 알았다. 언젠가 제이는 지나가듯 물었다.

"유진, 그렇게 빨리 합격한 비결이 뭐야? 칠급은 정말 어렵다고 하던데. 너네 아빠가 힘이라도 쓴 거야?"

늘 그렇듯 유진은 조용히 웃었다.

"목표가 있고, 계획을 세웠으니까. 운이 좋았지."

유진과의 연애는 대부분 평탄했다. 유일한 문제는 유진의 엄마였다. 제이가 보기에 유진의 엄마는 고집 센 허영 덩어리였다. 늘 합리적인 유진도 엄마에게만은 약했다. 그날도 그랬다. 막무가내로 남자를 만나라니, 그것도 결혼할 상대를. 한국 드라마에서나 보던 일이 실제로 일어나는 상황에 어처구니없었지만, 유진은 놓칠 수 없는 광산이다. 아직 캐낼 게 무궁무진하게 많이 남은 금광. 헤어질 때는 유진의 부모가 봉투를 건넬 때다. 얼굴도 모르는 남자 때문에 헤어질

214

수는 없다. 제이는 유진을 똑바로 쳐다보며 말했다.

"그 남자한테 사진 보내지 마. 내가 너 대신 나가서 거절하고 올 테니까."

제이는 준영의 첫인상부터 마음에 들지 않았다. 명품을 처바른 꼴이나, 느끼하게 미소를 짓는 것 등. 그래도 남자가 자신의 환심을 사려고 안달복달하는 꼴은 볼만했다. 물론 자신이 유진이라고 생각해서 그런 것이겠지만, 준영의 구애는 불쾌하면서도 자꾸 들여다보고 싶은, 양가감정이 들게 했다. 준영이 유진만큼이나, 어쩌면 유진보다도 더 돈이 많다는 사실도 제이의 호기심을 자극했다.

"……유진 씨?"

생각에 잠긴 제이를 준영이 불렀다. 이름이 익숙하지 않아 제때 반응하기 힘들었다.

"네? 뭐라고 하셨죠?"

준영은 부드럽게 웃었다. 자신은 준영에게 무례에 가까울 정도로 무뚝뚝하게 굴고 있다. 준영이 이토록 강한 인내심을 발휘하는 이유는 내가 마음에 들어서일까? 아니면 유진이라는 배경이 좋아서일까? 의미 없는 질문이 머릿속을 맴돌았다.

"아버지가 보고 싶어 하신다고요. 다음 달 시간 언제 괜찮으세요? 저희 집에서 식사 한번 하시죠. 누나 부부도 유진 씨를 궁금해해요."

제이는 당연히 거절해야 한다는 걸 알았다. 이 아슬아슬한 게임은 벌써 두 달 넘게 지속되고 있었다. 그래도 궁금했다. 유진만큼 잘사는 이 남자의 세계를 들여다보고 싶었다. 겉으로 보이는 명품 옷, 좋은 음식, 비싼 차 말고 그들이 사는 진짜 삶은 어떤지 알고 싶었다. 유진은 한 번도 한국 친구나 가족을 소개해 주지 않았다. 제이는 유진처럼 살짝 입꼬리만 올려 미소를 지었다.

"네, 좋아요. 다음 달 첫째 주 토요일 어떠세요?"

준선은 마음이 급했다. 오늘따라 승원이는 자신이 골라 준 옷을 입지 않겠다고 떼를 썼다. 엄마 혼자 고생하고 있을 걱정에 준선은 목소리가 점차 커졌다.

"빨리 옷 안 입어? 그럼 엄마 혼자 갈 거야. 승원이는 여기 있어."

"엄마, 나 고양이 키우고 싶어. 고양이 사 주면 갈게."

칭얼대는 승원이를 겨우 달래 같은 단지에 사는 부모님 집에 들어섰을 때는 이미 여자가 도착해 있었다. 준선은 오는 내내 승원이가 잡아당겨 흐트러진 옷매무새를 가다듬으며 인사를 건넸다.

"반가워요. 유진 씨죠? 준영이 누나예요."

동생이 처음으로 여자 친구를 데려왔다. 아마 준성의 의견이었을 것이다. 유진이 준영의 결혼 상대로 적합하다는 판단을 내린 것도 가족 저녁 식사에 초대하자는 것도. 인사를 마친 준선은 서둘러 주방으로 향했다. 주방에서는 홍란과 가사도우미가 분주하게 손을 놀리고 있었다.

"왜 이렇게 늦었어? 미리 와서 좀 도와 달라고 했잖아."

홍란은 거실에 들리지 않게 작은 목소리로 타박하고는 샴페인이 담긴 아이스 버킷과 작은 쟁반을 내밀었다.

"샴페인 미지근해지기 전에 어서 내가. 식사 전에 대화 좀 하시라고."

종종거리며 나가는 준선의 뒤통수에 홍란의 말이 따라붙었다.

"그리고 넌 빨리 와서 이것 좀 보고 있어. 순식간에 눌어붙으니까."

다이닝룸에서는 준성과 수재, 준영, 그리고 유진이라는 여자가 앉아 대화를 나누고 있었다. 친근하지만 친밀하지는 않은, 첫 만남의 어색함이 느껴졌다. 준선은 테이블에 앙증맞은 카나페를 내려놓고 유리장에서 바카라 샴페인 잔 네 개를 꺼냈다.

"식사 전에 가볍게 드시면서 대화하세요."

서둘러서 주방으로 돌아가던 준선은 자신을 바라보는 유진의 시선을 느꼈다. 늘 하던 대로 했을 뿐인데 이상하게 부끄러웠다. 그 기묘한 기분은 식사 내내 이어졌다. 음식이 떨어지자 재빨리 일어섰을 때, 식사를 마친 후 자신과 홍란을 빼고 다들 거실로 이동할 때, 가사도우미와 함께 테이블을 정리하고 디저트를 접시에 올릴 때, 준선은 자신에게 따라붙는 시선과 자꾸만 어색해지는 기분을 느꼈다.

'뭐가 이상해. 손님한테 음식 대접하는 건 당연하지.'

준선은 그날의 기억을 지우며 눈앞의 상대에게 집중했다.

"형사님, 그래서 뭘 물어보셨죠?"

"강유진 씨 말입니다. 일주일 전 저녁 식사 때 말고는 만난 적 없으십니까?"

"네, 없어요. 아직 동생과 결혼한 것도 아닌데 따로 연락할 일도 없고…… 연락처도 모르는걸요."

수첩을 들춰 보던 경찰이 힐끗 노려보자 순간 공기가 뾰족해지는 것을 느끼며 준선은 마른침을 삼켰다.

"흠……. 이건 다른 문제긴 한데. 허준선 씨, 요새는 운전 조심하시죠?"

경찰의 말투가 갑자기 거칠어졌다. 준선은 불타오르는 얼굴을 느끼며 세차게 고개를 저었다.

"네……. 네! 그럼요. 운전할 일도 거의 없어요. 정말로요……."

"좋습니다. 마지막으로 하나만 더 질문하겠습니다."

경찰은 자신의 스마트폰을 꺼내 화면을 보여 줬다.

"이 여자, 강유진 맞아요?"

준선은 미간을 찌푸렸다.

"……누구죠? 처음 보는 사람이에요."

◊

[길 안내를 종료합니다.]

우신대학병원 로비는 추울 만큼 냉방이 잘되고 있었다. 젖은 옷이 기분 나쁘게 몸에 들러붙었다. 초아와 헤어진 뒤 유진은 준영의 스마트폰을 다시 살폈다. 카○오톡으로 들어가 프로필 사진에 빨간 점이 있는 목록을 봤다. 최근에 프로필 사진을 변경한 사람들이었다. 손가락을 찍은 사진 하나가 눈에 걸렸다. 하얗고 긴 손가락. 네 번째 손가락에는 반짝이는 반지가 끼워져 있었다.

오세라.

금요일에 소희와 '자신'을 제외하고 준영과 대화한 여자의 이름이었다. 세라의 카○오톡 프로필에는 셀카가 많았다. 유니폼을 입고 찍은 사진도 있었다. 이름과 직함이 자수로 새겨진 부분은 초점이 나가 있었지만 확대하자 우신대학병원, 여섯 글자를 읽을 수 있었다.

준영이 소희를 만나기 전에, 그리고 '자신'을 만나기 전에 만난 여자는 세라였다. 세라와 준영의 마지막 대화는 금요일 오후 두 시 사십이 분.

[임상병리실로 와.]

업무 카○으로 판단하고 지나친 게 실수였다. 지난 메시지를 보면 둘의 관계는 오래전부터 섹스 파트너 혹은 애인 관계를 유지하고 있었다는 사실을 알 수 있었는데 말이다. 준영은 세라에게 많은 선물을 했고 둘은 병원에서의 밀회를 즐겼다. 유진은 임상병리실이 있는 위치를 확인하고 발걸음을 옮겼다. 대학병원은 어디든 줄이 길고 사람이 많다. 한 진료실 앞을 지나칠 때 시끄러운 소리가 들렸다.

"언제까지 기다려야 해요?! 예약 시간이 벌써 두 시간도 넘었어요!"

얼굴에 앳된 티가 남은 간호사는 난처한 표정이었다.

"정말 죄송한데 박 교수님이 급한 일로 오늘 진료가 어려우셔서요. 예약 다시 잡게 도와 드릴게요."

유진은 발걸음을 멈췄다. 사람들이 유독 길게 늘어선 진료실 앞에 다가가 붙은 명패를 바라보니, 구멍이 뚫린 것처럼 기억이 조금씩 흘러나왔다.

"아빠랑 같이 일하는, 왜, 이규동 아저씨 알지? 그래, 칠 년 전에 결혼식 갔잖아. 나이 한참 먹고 띠동갑 여자랑 결혼해서 주책이라고 말 많았잖아. 애기 돌잔치 간 게 작년, 아니 벌써 재작년이네. 아무튼 규동 씨 와이프 선혜 씨가 그 집 누나랑 친구라더라. 같은 아파트 산대. 누나가, 그러니까 준

221

선인데 나이 차이가 좀 나는 모양이던데 아들 낳으려고 한 모양이지? 준선이 남편은 우신대학병원 흉부외과 교수인데……."

애나에겐 모든 사람의 시시콜콜한 부분을 기억하고 떠드는 능력이 있었다. 유진은 애나에게 전화를 걸었다.

"엄마, 준영 씨 누나 기억나요?"

"왜? 그 댁에서 보자고 하시던? 기억나지. 허준선, 초등학교 교사 하다가 결혼하고 그만뒀다고. 선혜 씨 말 들어 보면 성격이 워낙 꼼꼼해서 애도 혼자 돌본다고……."

"엄마, 그거 말고요. 누나 남편이 우신대학병원 교수라고 하지 않았어요?"

"그래, 흉부외과. 그럴 리는 없겠지만 혹시나 해서 홈페이지에서 검색도 해 봤어. 누나 남편도 인물이 아주 훤하고 잘생겼더라."

"그분 이름이 뭐예요? 준영 씨 매형이요."

유진은 임상병리실 앞에서 마주친 남자를 붙잡았다. 분홍색 유니폼에는 임상병리사 안지호라는 이름이 자수로 새겨져 있었다.

"안녕하세요? 오세라 씨 지금 계신가요?"

남자는 물이 뚝뚝 떨어지는 유진의 머리카락을 보더니 무

표정한 얼굴로 말한다.

"세라 쌤 지금 없는데, 환자분이신가요?"

"그건 아닌데……."

남자는 유진의 가방과 손에 쥐어져 있는 차 키를 힐끗 보더니 한결 부드러운 목소리로 말했다.

"환자분이라면 의료진에게 말씀하세요. 저희는 임상병리 쪽이라서……."

남자는 유진의 어깨 너머를 향해 활짝 미소를 지었다.

"세라 쌤! 오늘 반차 쓴다더니 일찍 오셨네요?"

유진은 뒤를 돌아봤다. 짙은 다크서클과 하얗게 질린 낯빛, 피로한 기색이 역력했지만 사진 속의 여자가 확실했다. 선명한 쌍꺼풀, 살짝 올라간 콧대, 그리고 코끝에 선명한 점.

"오세라 씨?"

여자가 눈을 크게 떴다. 눈이 놀라울 만큼 컸다.

"허준영 씨 일로 잠깐 얘기하고 싶어요."

유진은 여자가 거절하기 전에 빠르게 덧붙였다.

"지금 실종이라 경찰이 찾는 중이에요."

여자는 물속에 빠진 것처럼 숨을 들이켰다. 그리고 몇 초 후에 생긋 미소를 지었다. 남자라면 모두 반할 만한 미소였다.

"이 아래 스○벅스가 있어요. 거기서 얘기해요."

유진과 세라는 커피를 주문하고 자리에 앉았다. 세라는 어딘가 초조해 보였다. 얼굴이 창백했다. 오늘 반차를 쓴 이유는 몸이 안 좋아서 그랬을 수도 있다. 말투도 묘하게 날이 서 있었다.

"준영 쌤? 알기야 알죠. 개인적으로는 안 친하고요."

"그럼 박수재 교수님은 혹시 아시나요?"

세라는 테이블을 톡톡 두드리던 손가락을 멈췄다. 하얗고 긴 손가락과 짧게 다듬은 손톱과는 대비되는, 두 번째 손톱 끝에 아주 작은 얼룩이 보였다. 맨손으로 거친 일을 한 것처럼 검은 때가 깊숙이 끼어 있었다. 세라의 목소리가 한 톤 더 높아졌다.

"네? 박수재 교수님이요? 박 교수님이 준영 씨와 관계있나요?"

"네. 두 분은 가족이에요."

"네? 정말요? 그런데 왜 저한테 박 교수님을 물어보세요? 잘 모르시나 본데 저는 임상병리사예요."

세라는 답할 때마다 눈을 커다랗게 떴다. 눈을 전혀 깜박이지 않아서 커다란 눈동자가 톡 굴러 나올 것 같았다. 대부분 사람들은 거짓말을 할 때 눈을 깜박인다. 그리고 거짓말을 잘하는 사람은 거짓말을 전혀 하지 않는 것처럼 보인다. 유진은 세라가 말할 때마다 반대로 해석했다. 거짓말에 있어서

224

는 자신이 프로다.

"아, 음료가 나왔네요."

세라는 진동벨이 울리자마자 벌떡 자리에서 일어났다. 거짓말을 할 때 다리를 떠는 이유는 도망가고 싶은 마음에서 비롯된 행동이다. 다리는 떨지 않았지만 실제로 도망간 것과 다름없었다. 유진은 세라의 자리에 놓인 쇼핑백 형태인 루〇비통 가방의 속을 슬쩍 들여다봤다. 애나가 봤다면 세련되지 않다며 질색할 디자인이었다. 세라의 가방 속에는 스마트폰 충전기와 화장품, 거울이 파우치도 없이 엉망으로 뒤섞여 있었다. 유진은 가방을 향해 손을 뻗었다. 뒤에서 세라의 날카로운 목소리가 들렸다.

"뭐하시는 거예요?"

유진은 세라에게 스〇벅스 냅킨을 쥔 손을 보여 줬다.

"가방에 빗물이 묻은 것 같아서요."

유진은 부드럽게 웃으며 테이크 아웃 잔을 들었다.

"바쁘신데 실례했습니다. 그만 일어날게요. 시간 내주셔서 감사해요."

세라가 가방 정리를 한다면 준영의 스마트폰을 발견할 것이다. 그 스마트폰은 켜져 있고 비밀번호도 걸려 있지 않으니, 세라가 자신의 몰카 사진을 본다면 알아서 처리할 것이다. 세라를 위한 작은 배려였다. 유진은 마른 냅킨을 구겨 주머니에 넣었다.

유진은 우신대학병원을 나서기 전 다시 흉부외과 진료실로 향했다. 아까보다 사람이 줄어든 모습이었다. 진료실 옆에 붙은 명패를 확인했다. 전문의 박수재. 우연치고는 정말 이상한 일이었다.

준영이 사라졌다. 그리고 준영의 또 다른 여자인 오세라, 그 여자도 무슨 일이 있었다는 듯 출근이 늦었다. 마지막으로 박수재, 준영의 매형도 출근하지 않았다. 도무지 셋의 연결고리가 보이지 않는다.

시작부터 되짚어 봤다. 준영을 마지막으로 본 사람은 아마도 소희일 것이다. 그리고 신고자는 준선, 준영의 누나이자 수재의 아내다. 그러니 수재가 오늘 출근하지 않은 까닭은 집안일 때문은 아니다.

세라와 준영은 같이 여행이라도 떠났다가 사고라도 당한 걸까? 그렇다면 수재의 부재는 설명할 수 없다. 생각할수록 머리가 복잡하다. 창밖을 바라봤다.

어느새 빗줄기가 가늘어지고 있었고 오후 세 시에 가까워지고 있었다. 머릿속을 떠돌아다니던 여러 가닥이 하나로 이어졌다. 유진은 스마트폰에서 연락처를 펼쳤다. 준영의 스마트폰에서 찾은 전화번호다.

'여기만은 연락하고 싶지 않았는데.'

유진은 한숨을 쉬고 통화 버튼을 눌렀다.

◊

　수재는 요새 늘 기분이 들떴다. 그 덕분에 준선과도 사이가 좋았다. 수재는 콧노래를 흥얼거리며 페○리 로마 운전석에서 내렸다. 세라와 개인적으로 알게 된 날은 두 달 전이었다. 처음 세라가 상담을 요청했을 때, 수재는 어리둥절했다. 왕래가 없었기 때문이다. 하지만 자신이 평소 닿을 수 없는 존재라고 생각했던 세라가 쉽게 마음을 열자 수재는 더이상 생각할 의지가 사라졌다. 이제는 세라 없이 미래를 생각할 수 없을 정도였다.

　세라는 병원 내 여러 소문과 텃세로 심신이 많이 지쳐 있었는데 올해 초, 아빠가 죽은 이후로는 불면증까지 시달렸다. 소문이 날까 봐 정신과에 가기도 무서워했다. 수재는 어리고 예쁜 세라가 가여웠다. 수재가 세라의 이름으로 약을 처방해주고 세라가 보답으로 저녁을 사고 저녁이 술자리로 이어지고 그렇게 둘은 깊은 관계가 됐다.

　소문대로 세라는 부잣집 딸이었다. 자신도 자주 가 보지 못한 비싼 레스토랑을 예약하고 미리 슬쩍 계산하곤 했다. 사복을 입을 때면 늘 화려한 명품을 걸쳤다. 수재는 왜 세라를

228

일찍 만나지 못했는지 자꾸 억울해졌다. 세라를 볼 때면 자신이 꿈꾸던 삶이 무엇인지 정확히 그려졌다. 젊고 돈 많고 무엇보다 예쁜 아내와 결혼해 부족함 없이 사는 삶. 그 생각이 깊어질수록 수재는 이혼을 생각했다. 세라도 대놓고 말하지는 않았지만, 자신이 유부남이라는 사실에 갈수록 괴로워하는 눈치였다.

"교수님, 전 정말 교수님 같은 분과 결혼하고 싶었어요. 저는 아빠가 돌아가셔서…… 나이 차가 있는 분한테 끌리더라고요."

술에 취했는지, 눈물을 참는 건지 눈가가 붉었다.

세라의 아빠가 간경변으로 죽은 것은 수재도 알고 있는 사실이었다.

"병원에 갔을 때는 이미 말기였고…… 간 기증을 기다리시다 두 달 만에 돌아가셨어요."

세라의 큰 눈에 눈물이 맺혔다. 수재는 진심으로 세라가 가여웠다. 우신대학병원만 해도 간이식을 기다리는 환자가 육천 명이 넘었다. 가장 먼저 공여자로 고려하는 건 가족이지만 가족이라고 다 조건이 맞지는 않았다.

"가족 중에 맞는 분이 없었나 보네. 정말 세라 마음이 힘들었겠어."

"네……. 정말 제가 하고 싶었는데 적합하지 않았어요. 오빠와 엄마도 조건이 안 맞았고요. 아빠가 돌아가신 게 다 제 탓인 것 같아서 우울증이 생겼어요. 그때 이후로 약을 안 먹으면 잠도 못 자고요. 그래서 병원에서 아는 선생님들께 부탁을 드렸던 건데……."

수재는 울먹이는 세라의 어깨를 부드럽게 끌어안았다. 수재도 세라에 대한 소문을 어렴풋이 들어 본 적이 있었다. 엉뚱한 과에서 불면증 약이 처방되는데 그게 세라라는 것, 레지던트나 교수 중에 세라의 남친이 있다는 것 등이다. 그 일로 세라는 오해도 많이 사고 왕따도 당했다고 했다.

"임상병리실도 간호사 못지않게 군기 같은 게 심하거든요. 특히 교수님들께 인사라도 친절하게 했다간 의사 꼬시러 왔냐고 호되게 혼나요. 그런데 그런 소문까지 났으니……. 그래서 아예 저와 일면식도 없는 교수님께 부탁드렸던 거예요. 그때 많이 당황하셨죠?"

수재는 정말 운이 좋았다고 생각했다. 세라가 느닷없이 찾아와 눈물을 쏟으며 불면증 약 처방을 부탁했을 때 놀라기도 했지만, 자신을 믿을 만한 남자로 여겨 줘서 기쁜 감정이 더 컸다. 약을 처방받은 세라가 저녁을 사겠다고 했을 때만 해도 수재는 들뜨는 마음을 억지로 눌렀다. 누가 봐도 예쁘고 어린데다 부잣집 딸인 세라가 유부남인 자신을 좋아할 리 없다고, 괜한 기대를 하지 말자고 다짐했다. 그래도 세라를 만나기로 한 날엔 모든 것이 신경쓰이는 건 어쩔 수 없었다.

"여보, 오늘 어디 가? 그 양복 불편하다고 하지 않았어요?"

결혼할 때 맞춘 비스포크 슈트를 입고 출근하는 수재를 준선은 이상하게 쳐다보았다. 수재는 자신도 모르게 준선의 얼굴과 세라를 비교해 보았다. 임신과 출산, 육아를 하며 준선은 살이 붙었다. 결혼 전에는 꾸준히 관리를 받아 매끈했던 피부와 머릿결도 푸석했다. 수재는 자신보다 더 늙어 보이는 아내가 부끄러웠다. 스쳐 지나가듯 피부과나 미용실에 가라고 해도 준선은 갈 시간이 없다는 대답만 반복했다. 반면 수재는 결혼한 이후 훨씬 더 세련되고 젊어 보였다. 교수라는 안정된 지위, 예전보다 여유로워진 생활, 여러 경험으로 다듬어진 고급 취향이 그렇게 만들었다.

"편한 것만 찾으면 사람이 퍼지게 되어 있어. 늘 긴장하고 각 맞춰서 살아야지. 결혼 후에 퍼지는 거, 남자나 여자나 꼴불견이야."

수재는 말에 쐐기를 담았다. 준선의 얼굴이 딱딱하게 굳었다.

결혼 후 준선과 수재는 곧바로 시험관을 시작했다. 자연 임신을 기다리기엔 준선의 나이가 많았다. 준선은 결혼 후 일 년 만에 무사히 출산했다. 아들이었다. 장인 준성은 첫 손주 탄생에 크게 기뻐하며 직접 승원이라는 이름을 지어 주었다. 손주 명의로 주식도 증여했다. 이 모든 과정에서 완벽하게 배제된 수재는 속이 쓰렸지만, 승원이 자신의 성을 땄으니 그걸로 됐다고 위안했다.

세라의 고백 이후 수재는 차근차근 계획을 세웠다. 최대한 많은 재산을 가지고 준선과 이혼하는 게 목표다. 자식 승원이가 눈에 밟히기는 했지만, 어차피 지금도 육아는 준선이 오롯이 전담하고 있다. 이혼한다고 자식을 못 보는 것도 아니다. 중요한 건 기회가 왔을 때 잡아야 한다는 것이다. 세라가 아직은 자신에게 빠져 있지만, 어리고 예쁘고 돈 많은 여자를 가만히 내버려 둘 남자는 많지 않았다. 수재는 몰래 변호사를 찾아 이혼 과정을 상담받고 관련 서류를 서재에 감춰 두었다.

이번 주말에는 세라와 여행을 떠나기로 했다. 수재는 한 번도 캠핑을 가 본 적이 없다는 세라에게 특별한 추억을 만들어 주고 싶었다. 별이 쏟아지는 밤하늘 아래에서 보내는 둘만의 시간. 시골에서 자란 수재는 자연 속에 있으면 마음이 편안했다. 낭만적인 밤을 보낸 이후에는 세라에게 청혼할 생각이었다. 그러기 위해서는 완벽한 도구가 필요했다. 수재는 단골 캠핑 용품 숍을 찾았다. 차박용으로 개조한 벤○ GLS에는 이미 매트가 깔려 있었지만, 수재는 모두 가장 좋은 새것으로만 다시 채울 생각이었다. 이번 여행은 예비 신혼여행이나 다름없으니까. 모든 매트를 만져 보고 눌러 보는 수재를 따라다니며 직원은 지치지도 않고 열정적으로 설명했다.

"그 매트는 두툼한 천연 라텍스로 만들어서 쿠션감이 아주 끝내줍니다. 호텔 침대 수준이에요. 이게 가격이 좀 있어서 그렇지 후기 보시면……."

무심히 듣던 직원의 말 중에 '라텍스'라는 단어가 수재의 귀에 꽂혔다. 무의식적으로 '라텍스에 심각한 알레르기가 있는 재수 없는 새끼'가 떠올랐다. 라텍스가 준영을 쫓는 부적처럼 느껴졌다.

"이거 주세요, 라텍스 베개랑 세트로 같이."

◊

　준영은 손에 들린 커다란 꽃다발을 만족스럽게 바라보았다. 자신의 계획은 생각대로 착착 진행되고 있었다. 비록 유진이 지나치게 소극적이긴 했지만 약속대로 일, 이 주에 한 번은 저녁을 먹었고 여의치 않으면 차라도 마셨다. 그리고 지난주, 유진은 자신의 부모님 집에 방문해 저녁을 먹었다. 이 정도면 자신과 관계를 이어 가겠다는 뜻으로 보아도 무방했다. 그리고 더이상 결혼을 미룰 수는 없었다. 올해 안에 개원하려면 촉박했다. 오늘은 과감하게 진도를 나갈 생각이었다. 솔직히 삼 개월에 키스 한 번 못한 건 아무리 보수적인 집안 딸이라고 해도 심각했다.

　'상관없어. 그게 더 흥분되니까. 오늘 끝까지 가면 되지.'

　준영은 유진에게 전화를 걸었다.

　"유진 씨, 지금 집에 계신가요?"

　"네. 지금 막 퇴근했어요."

　"오늘 저녁에 별일 없으시죠?"

　"네……. 그런데 피곤해서 오늘은 집에서 쉬려고요."

　약속을 미리 막는 유진에게 순간 짜증이 났지만, 준영은 마음을 가다듬었다. 오늘은 결판이 날 것이다. 물론 자신이 원하는 방향으로.

"아, 별건 아니고요, 유진 씨 생각나서 꽃다발을 하나 샀는데 지금 퀵으로 보내 드리려고요. 주소 좀 알려 주세요."

"……준영 씨. 정말 그런 거 안 보내 주셔도 괜찮아요."

"이미 샀는데 한 번만 받아 주세요. 꼭 하고 싶은 말도 카드에 썼어요."

잠시 망설이던 유진은 작게 한숨을 쉬더니 순순히 주소를 불러 주었다.

"유진 씨, 일 층 비밀번호 있죠? 퀵 기사가 미리 알려 달랍니다."

전화를 끊은 준영은 만족스럽게 웃었다. 그리고 유진의 집 근처에 차를 세웠다. 유진의 오피스텔에도 지하 주차장이 있지만, 방문자 등록 절차 때문에 서프라이즈 이벤트가 불가능하다. 준영은 자신이 직접 꽃다발을 배달할 계획이었다. 지금껏 봐 온 유진의 성격상 깜짝 놀라기야 하겠지만 쫓아내지는 못할 것이다. 꽃다발을 선물하고 자신이 가져온 와인을 마시면서 저녁을 먹고 분위기가 무르익으면 주머니 속의 불○리 반지를 선물한다. 그다음엔 키스하고 자연스럽게……. 일 층 로비의 비밀번호를 누르며 준영은 유진과의 섹스를 머릿속으로 그렸다.

◊

준선은 승원이를 카시트에 태우고 부모님의 집으로 향했다. 특별한 이유는 없었다. 그저 집에서 벗어나고 싶었다. 요즘 기분이 부쩍 좋은 수재는 자신과 아이에게 다정했다. 준선은 사소한 손길에도 감동하는 자신을 보며 그동안 얼마나 당연한 예의와 배려에 목말랐는지 실감했다. 어쨌거나 준선은 이런 관계가 유지되기를 바랐다.

오늘 오후, 오랜만에 청소하기 위해 수재의 서재에 들어갔다. 수재가 자신의 물건에 손대는 걸 싫어했지만, 청소까지 못 하게 하지는 않았다. 책을 정리하던 준선은 커다란 봉투 하나가 책장 뒤쪽에 빠져 있는 것을 발견했다. 먼지를 닦기 위해 책을 모두 빼지 않았다면 준선도 발견하지 못했을 자리였다.

'중요한 서류면 어쩌려고 저렇게 빠트렸담.'

준선은 팔을 힘껏 뻗어 서류를 끄집어냈다. 봉투에는 대형 로펌의 이름이 찍혀 있었다. 불안한 예감에 심장이 크게 뛰었다. 봉투에는 협의 이혼 확인 신청서가 들어 있었다. 한 부

236

는 수재의 서명이, 한 부는 텅 비어 있었다.

준선은 그제야 모든 퍼즐이 맞춰지는 기분이 들었다. 수재가 갑자기 외모에 신경쓰던 것, 야근과 학회가 잦아진 것……. 문득 이번 주말에도 학회에 참석한다고 했던 말이 떠올랐다. 그리고 학회 장소가 험하니 준선이 평소에 타는 벤○를 쓰겠다고 한 말도.

준선은 슬리퍼를 신은 채 주차장으로 뛰어 내려갔다. 무엇을 찾는지도 모르면서 다리가 후들거렸다. 벤○ 트렁크를 열자 지저분하게 쌓여 있던 캠핑 도구들이 깔끔하게 정리되어 있었다. 처음 보는 매트와 두 개의 베개가 가지런히 놓여 있었다. 준선은 푹신한 매트를 내려치며 눈물을 쏟았다. 결혼을 결심했던 그날의 막막함이 배가되어 가슴을 짓눌렀다.

"준선아, 더 늦기 전에 가자. 가족을 생각해야지."

새벽 두 시, 준성은 딸을 달랬다. 준선은 하얗게 질린 얼굴로 고개를 들었다.

"지금…… 저보고 준영이 대신 경찰서에 가라는 말씀이세요?"

"준선아, 그냥 형식이야. 아빠 알잖아. 어차피 합의 봐서 너 하루도, 아니, 한 시간도 경찰서에 안 둘 거다. 그냥 가서 자수만 하면 돼. 그다음부터는 아빠가 다 알아서 할 거야."

"그러면 왜 준영이가 가면 안 되는 건데요?"

"준영이는 이번에 걸리면 벌써 두 번째야. 시간 지날수록 수습이 힘들어져. 준선아, 아빠 믿고 가자. 가서 한 마디도 안 해도 돼."

준영에게는 나쁜 버릇이 있었다. 술을 취할 때까지 마셨고 취해도 운전대를 잡았다. 그리고 음주운전 사고를 낸 것이 한 번, 오늘이 두 번째였다. 다행인 건 오늘 사고는 사람이 아니라 가로수를 박았다는 사실이다. 그리고 경찰이 오기 전에 아버지, 준성에게 전화했다. 낮이었다면 사람이라도 수배했 겠지만 새벽 두 시가 넘은 지금, 그 자리를 채울 사람을 찾기 는 쉽지 않았다. 사고 현장을 방치하면 심각한 범죄가 될 수 있다. 준성은 오래 고민하지 않았다. 집에는 준선이 있다. 어 차피 딸은 결혼하면 그만이다. 그러나 아들은 JS메디컬 대표 가 되어야 한다. 동일한 전과가 두 개나 있으면 주주 총회에 서 무슨 얘기가 나올지는 뻔했다.

"일은 어떡해요? 전과 있는 사람이 어떻게 선생님을 해 요?"

준선은 거의 울고 있었다.

"어차피 결혼하고 애 가지면 일하기 힘들어. 조금 빨리 그 만뒀다고 생각해라. 결혼 준비도 해야 하고 임신도 해야 하 는데 그까짓 선생 노릇이 뭐가 중요하냐."

준성은 망설이는 준선에게 쐐기를 박았다.

"준선아, 동생하고 가족을 생각해. 가정주부 전과 기록 조회할 사람은 아무도 없지만 JS메디컬 대표가 전과 있는 건 치명적이다. 사업 전체가 흔들릴 수 있어. 네 엄마는 운전을 전혀 모르는 사람이고 지금 집안을 지킬 수 있는 사람은 너뿐이야."

조용히 흐느끼던 준선은 이내 고개를 들고 눈물을 닦았다. 준선은 증오와 분노에 차 결심했다. 이건 당신들이 결정한 거야. 그러니까 내 결혼 생활이 엉망이라면 다 당신들 탓이야. 준선은 싸늘하게 말했다.

"가요. 그리고 저 수재 씨와 결혼할게요."

◊

　상철은 인상을 썼다. 월요일 아침부터 기분이 더러웠다. 서장이 직접 지시한 사건은 그야말로 어이가 없었다. 삼십 대 남자 실종을 조사하라는 것은 말도 안 되는 처사다. 첫 번째로, 이런 경우에 성인은 기본적으로 가출로 간주한다. 두 번째로, 여성도 아닌 젊은 남성의 안전은 그렇게 위험하지 않다. 마지막으로 그 남자가 연락이 두절된 기간은 고작 사흘에 불과했다. 그것도 주말을 포함해서.

　그에 비해 자신은 엿새째 경찰서에서 대기 중이었다. 이제 돌이 된 딸은 아빠 얼굴도 잘 알아보지 못했다. 결혼 일 년 만에 아내는 상철이 일주일째 집에 안 들어가도 별다른 연락이 없었다.

　'젊은 새끼가 어디서 술 처먹고 자빠져 있겠지.'

　처음에 사건 내용을 듣고 상철이 한 생각이었다. 그리고 그 믿음은 지금도 변함이 없었다. 아마 오늘 밤, 늦어도 내일 오전이 되면 머쓱한 얼굴로 아무 일 없다는 듯 돌아올 것이다. 아무리 시킨 일이 거지 같아도 보고서는 써야 했다. 남자의 부모가 경찰청장과도 인맥이 있다는 것도 중요한 이유였다.

상철은 억지로 몸을 일으켜 가장 가까운 곳부터 향했다. 중부 경찰서에서 차로 십 분 내로 갈 수 있는 곳, 서울 지방 국세청이었다.

'재수도 없지.'

상철이 전화를 끊고 한 생각이었다. 오늘은 종일 바빴다. 비를 맞으며 돌아다닌 탓에 온몸이 으슬으슬했다. 삼십 대 실종남의 여자 친구가 일하는 국세청에 가서 참고인 조사를 했다. 그 여자 친구의 집에도 방문해 관리소장과 이야기했다. 그리고 또 다른 여자 친구가 있다는 말에 그 집도 찾았다. 단골 술집이라는 유흥업소가 문을 열기만을 기다려 자주 지명한다는 아가씨와도 대화했다. 그 밖에도 또……. 어쨌든 이만하면 오늘 할일은 차고 넘치게 한 셈이다. 이제는 진짜 집에 가서 쉴 참이었다. 그런데 느닷없이 걸려 온 전화가 상철의 발목을 잡았다. 강원도 홍천 가리산에서 시체가 발견됐다는 내용이었다. 상철은 성질이 있는 대로 났다.

"근데? 그게 나랑 무슨 상관이야? 거긴 경찰 없어? 집에 가서 잠 좀 자자."

"선배님, 그런데…… 피해자가 저희 쪽 담당 실종자 같아서요."

"실종자 누구?"

"그 삼십 대 실종남 말입니다."

◊

경비원 이 씨는 창문 밖으로 손을 내밀었다. 공기가 무겁고 축축한 걸 보니 곧 비가 올 것 같았다. 열한 시에는 야간 순찰을 나가야 했다. 한 벌뿐인 유니폼이 젖으면 곤란했다. 아파트 입구부터 주차장까지 돌아보는 데에는 빠르게 걸어도 삼십 분 이상 걸린다. 우산을 써도 젖는 것을 피할 수 없다. 궂은날이면 젖은 옷을 입은 채로 퇴근 시간까지 버텨야 했다.

이곳은 그간 경비원으로 일했던 곳 중 집값이 가장 비쌌다. 경비원 복장은 물론 보안에도 까다로웠다. 두 시간에 한 번씩 순찰을 도는 것도 부족해 아파트 입구 바깥까지 확인할 것을 요구했다. 출입 등록이 된 차만 단지 내에 들어올 수 있는데도 그랬다.

'십 분 일찍 돈다고 누가 알겠어? 밤중에 지켜보는 것도 아니고.'

열 시 오십 분, 이 씨는 보안 초소를 나섰다. 빠르게 보고 돌아올 생각이었다. 이 씨는 이곳에서 오래 일하고 싶었다. 쉰여덟, 어디 새로 취직하기에는 늦은 나이다. 경비 일도 적성에 잘 맞았다. 월급은 적지만, 경쟁도 야근도 없다. 뉴스에서는 집값이 오를 때마다 이 아파트를 부의 지표처럼 언급했다. 그럴 때마다 이 씨는 약간 뿌듯했다. 이곳에는 견고한 안정감이 있었다. 스노우볼처럼 아름답고 안전한 세계. 이 씨의 경험에 따르면 집값이 쌀수록 그곳에 사는 삶은 험악했다.

이전에 일했던 공공 임대 아파트에서는 주민들이 문제가 있을 때마다 경찰 대신 경비를 불렀다. 시어머니가 마음대로 들어오려고 해서, 아랫집에서 망치를 들고 올라와서, 옆집이 택배를 훔쳐서…… 집에서 이렇게 다양하고 많은 사건이 벌어진다는 사실이 놀라울 따름이었다. 심지어 이 씨는 시체를 발견한 적도 있다. 혼자 살던 육십 대 남자였다. 이상한 냄새가 난다는 민원을 받고 삼 층으로 향했다. 복도는 한낮에도 어두컴컴했다. 가장 끝에 있는 310호로 가기도 전에 반쯤 열린 310호 현관문이 보였다. 열린 문틈으로 냄새와 함께 불길한 공기가 흘러나오는 것 같았다. 고개를 들이밀고 집안을 살피던 이 씨는 "으헉!" 소리를 지르며 주저앉았다. 거실에는 활짝 젖힌 리클라이너 소파 위에 남자가 기괴한 자세로 누워 있었다. 두툼한 목을 파고든 붉은 로프, 현관 쪽으로 뻗은 거무스름한 발바닥, 모서리가 갈색으로 닳은 회색 소파까지, 삼 년이 지난 지금도 사소한 부분까지 선명하게 떠올랐다. 그 사건 이후 이 씨는 열린 문을 보면 불안했다. 한여름에도 창문까지 모두 닫아야 마음이 놓였다.

평소보다 빠른 걸음으로 순찰을 마친 이 씨는 마지막으로 아파트 입구를 향해 걸었다. 플래시로 대충 훑고 돌아서려는 찰나, 진입로 바깥 도로에 세워진 SUV가 보였다. 이 씨는 혀를 찼다. 깐깐한 주민이 보면 주차 단속을 제대로 하지 않는다고 관리사무소에 불평을 늘어놓을지도 모른다. 엄밀히 따지면 입구 밖은 아파트에 속한 공간이 아님에도 이곳 주민들은 제 돈 주고 산 땅인 양 굴었다. 그래도 이 씨는 수긍했다. 돈 많은 인간들이 제멋대로 구는 것에 익숙했다.

"거기 계십니까?"

이 씨는 SUV에 플래시를 비추며 말했다. 운전석과 조수석은 텅 비어 있었다. 주민 수에 비해 지나치게 넓은 아파트 단지는 고요했다. 옆으로 다가가자 트렁크가 활짝 열려 있는 게 보였다. 이 씨는 선뜩한 기분이 들었다. 목덜미에 눅눅한 공기가 끈적하게 달라붙었다. 조심스럽게 트렁크 안을 들여다보려는 순간, 적막을 깨는 경보음이 요란하게 울렸다. 이 씨는 깜짝 놀라 플래시를 바닥으로 떨어트렸다. 사이드 미러라도 건드린 모양이었다. 혹여 차 주인이 보았을까 걱정되어 주변을 살폈다. 아무런 기척도 없었다. 이 씨는 플래시를 줍고 일어나는 동시에 트렁크를 닫았다. 그제야 안심이 되었다.

"요즘 사람들은 도대체가 정신머리가 없어. 아무리 잠깐이
래도 차를 막 내팽개치고 말이야."

이 씨는 투덜대며 경비실을 향해 발걸음을 옮겼다. 이 씨가
자리를 뜬 지 얼마 지나지 않아 한 남자가 나타났다. 운전석
에 올라탄 남자는 어둠 속으로 조용히 사라졌다.

◊

　멍하니 앉아 있던 준선은 화들짝 놀랐다. 어디선가 전화가
울렸다. 분명히 가까운 곳에서 진동이 느껴지는데 정작 스마
트폰이 보이지 않았다. 준선은 바닥, 소파, 벽을 더듬어 가며
진동의 근원을 찾으려고 애썼다. 스마트폰은 현관 옆 테이블
에 있었다. 오늘은 종일 정신이 없었다. 아침에 손님이 나가
고 난 뒤 그대로 두고 온 모양이다. 걸려 온 전화는 모르는 번
호였다. 심장이 쿵쿵 소리를 내며 뛰었다. 조심스럽게 통화
버튼을 톡 건드렸다.
　"……누구시죠?"
　낯선 여자의 목소리였다. 한참을 듣던 준선은 입을 열었다.
　"네, 만나서 얘기해요."

"뭐 좀 알아냈어?"

흰 가운을 입은 여자가 고개를 들었다.

"박 경위님 오셨어요? 현장 검시 결과와 비슷해요."

상철은 여자 앞에 누워 있는 시체의 얼굴을 들여다보았다. 삼십 대 중반을 넘었을 남자의 피부는 깨끗했다. 비록 지금은 푸르스름하긴 했지만. 꾸준히 운동했는지 호리호리한 몸에는 군살 하나 없었다.

남자는, 정확히 남자의 부모는 부자였다. 후배들은 차고 있던 시계만 해도 차 한 대 값은 될 거라고 떠들어 댔다. 한심한 놈들. 아마 자신이 모는 구 년 된 싼○페보다는 비쌀 것이다.

사진으로도 느꼈지만, 실제로 보니 여자의 눈길을 끌 만한 무언가가 있었다. 아무튼 상철이 봤던 선수들은 대체로 이런 분위기를 풍겼다.

"곱상하게 생겼네."

상철은 여자를 힐끗 쳐다보고 덧붙였다.

"여자들이 좋아하게."

여자는 사무적인 말투로 대꾸했다.

247

"그게 문제일 수도 있겠네요."

"무슨 뜻이죠?"

여자는 시체의 머리를 옆으로 돌려 뒤통수를 짚었다.

"여기 두부 외상 말인데요."

"네, 부검 감정서에서 확인했습니다."

상철이 무심하게 대꾸했다.

"문제는 너무 약하다는 거예요."

상철이 한쪽 눈썹을 힐끗 올렸다.

"아직 감식 중이긴 하지만 아마 둔기는 두꺼운 유리병…….
맥주나 와인 병으로 추정됩니다."

"최 박사님, 뭐가 약하다는 겁니까? 취하기엔 도수가 너무
낮아서요? 소주나 양주 정도는 마시고 깠어야 하는데?"

자기가 한 농담에 혼자 웃던 상철은 작게 탄성을 내뱉었다.
허리를 굽혀 상처를 자세히 들여다본 상철은 확신에 찬 어조
로 말했다.

"그렇네. 맞아. 너무 약해요."

여자가 약간 망설이듯 말을 꺼냈다.

"이번 케이스는 아마…….'

상철은 자신만만하게 말을 끊었다.

"여잡니다. 백 프로."

여자는 미간을 살짝 찌푸렸다.

"그럼…… 그 여자들 중에 누가 죽였을까요?"

◊

　소희는 손톱을 물어뜯었다. 잠은 달아난 지 오래다. 느닷없이 나타난 여자는 화를 내지도 이별을 요구하지도 않았다. 여자의 관심은 오로지 준영의 행방이었다. 소희도 분노하지 않았다. 준영의 실종이 너무 충격적이었기 때문이었다. 준영이 사라진 건 어쩌면……. 소희는 불쾌한 두통을 느꼈다. 독한 감기약이 일으키는 화학적 작용과 비슷한 기분이었다. 소희는 관자놀이를 누르며 우신대학병원을 검색했다.

　준영과 만나는 동안 병원 홈페이지를 검색할 생각은 한 번도 하지 않았다. 준영은 데이팅 앱이나 헌팅포차, 클럽 같은 곳에서 만난 껄렁한 양아치가 아니다. 호텔의 근사한 파티에서 운명처럼 우연히 만난 남자였다. 게다가 자신은 특별한 여자도 아니다. 거짓말을 해 가면서 만날 가치가 없는 평범한 여자였다. 그런데도 곧 무서운 장면이 나올 것을 아는 공포 영화를 볼 때처럼 심장이 쿵쿵 뛰었다. 소희는 떨리는 손으로 흉부외과를 클릭했다. 사진과 함께 의료진의 이름이 떴다. 어디에도 준영의 얼굴은 없었다.

　이보다 나쁜 일은 이제 한 가지뿐이다. 소희는 화장대에서 작은 약통을 집어 들었다. 파란색 뚜껑이 달린 하얀색 플라스틱 통에는 아무것도 쓰여 있지 않았다. 약통 안에는 오렌지색 알약이 세 개 남짓 남아 있었다. 소희는 지금까지 어떤 약인지 궁금해해 본 적이 없었다. 인터넷에서 검색하면 어떤 약인지 알 수 있을 것이다. 하지만 인터넷으로 검색하기는 꺼려졌다. 인터넷 검색 기록을 통해 범인을 잡았다는 기사가 자꾸만 머릿속을 맴돌았다. 카디건을 걸치고 집 밖을 나서려는데 현관에 낯선 물건이 눈에 띄었다. 새것 같은 비닐우산이 물을 떨구며 신발장에 세워져 있었다.

소희는 집 앞 약국 대신 이십 분 거리의 약국을 찾았다. 약국에 들어섰을 때는 카디건 한쪽 어깨가 모두 젖어 있었다. 상냥한 인상의 약사에게 소희는 약통을 내밀었다.

"혹시 무슨 약인지 알 수 있나요?"

약사는 의심스럽게 쳐다보았다.

"본인이 복용하시는 게 맞나요?"

소희는 고개를 저었다.

"아니요. 동생이 먹는 약인데 걱정되어서요. 혹시 복용 시 주의해야 할 점이 있을까요?"

약사의 눈가에 여전히 미심쩍은 기색이 어렸다.

"처방약이니 담당 의사분께 복약 지도를 받으셨을 텐데요. 그래도 혹시나 해서 말씀드리면, 술이랑 같이 복용하면 절대 안 되는 약이에요. 복용 후에는 운전도 하면 안 됩니다."

소희는 고개를 끄덕이며 약통을 받아 들었다.

길을 걷다 멈춰 서서 골목을 살폈다. 무단 투기를 금지한다는 내용의 손으로 쓴 경고문이 보였다. 먹다 그대로 버린 듯한 배달 음식 용기에 빗물이 섞여 지저분한 국물이 보도에 흘렀다. 소희는 처음으로 CCTV가 없는 동네에 사는 것을 다행으로 여겼다. 오물을 피해 발을 디디며 약해지려는 마음을 다잡았다. 금요일 밤, 준영을 만난 건 영원한 비밀이다.

준선은 부은 눈으로 경찰서를 찾았다. 홍란은 준영의 소식을 듣자마자 쓰러졌다. 준성은 아는 인맥을 모두 동원한 것 같았다. 부검부터 용의자 긴급 체포까지, 유례없이 빠른 수사였다. 대기실에 있는 텔레비전에서는 뉴스 속보가 흘러나오고 있었다.

"오늘 오후, 강원도 홍천군에 있는 가리산에서 남성의 시신이 발견돼 경찰이 수사에 착수했습니다. 경찰에 따르면 시신의 신원은 금요일 밤 실종된 삼십 대 남성 허 모 씨로 추정되며, 주말 내내 쏟아진 폭우로 인해 산 일부가 무너지며 발견된 것으로 보입니다. 인근 펜션 주인이 해당 장소를 청소하다 시신을 발견하고 경찰에 신고한 것으로 알려졌습니다. 현재 경찰 관계자는 일차 감식 결과, 사망에 이르게 한 직접적인 상흔은 발견되지 않았고 정확한 사망 원인을 파악하기 위해 국립 과학 수사 연구원에 시신 부검을 의뢰한 상태라고 밝혔습니다."

참고인 조사를 위해 준선을 호출한 경찰은 예의상 조문을 건넸다. 죽음이 익숙한 사람 특유의 냉정한 표정이었다.

"허준선 씨, 신고자 본인이시고 피해자 누나죠? 남편 분과 동생이 같은 병원에서 일했네요?"

"신기할 것도 없어요. 애초에 남편을 소개시켜 준 게 동생이었으니까요."

"조사에 따르면 남편하고 동생이 최근 싸웠다던데요? 무슨 문제가 있었습니까?"

"가족끼리 사이가 항상 좋을 순 없죠. 하지만 가족이잖아요. 서로 이해하고 살아야죠."

"그럼 본인은 어떻습니까? 동생과 문제는 없었나요?"

준선의 화장기 없는 얼굴 위로 눈물이 한 줄기 흘렀다.

"하나밖에 없는 동생인걸요. 전 동생을 위해서라면 뭐든 할 수 있었어요."

"그런데 왜 처음 진술에서 강유진 씨 사진을 보고는 모르는 사람이라고 한 거죠?"

"동생 실종으로 워낙 정신이 없어서 못 알아봤어요. 유진 씨와는 딱 한 번 만난데다가 사진과는 인상이 달라서요. 지금 보니 강유진 씨가 맞습니다. 혼란을 드려 죄송합니다."

세라는 상쾌한 기분으로 눈을 떴다. 강원도의 새벽 공기가 신선했다. 세라는 왼손을 천장으로 쭉 뻗었다. 네 번째 손가락에 끼워진 1캐럿 다이아몬드 티파니 반지가 반짝였다. 어젯밤, 수재는 수줍게 반지를 내밀며 청혼했다.

"세라야, 나 진지하게 이혼을 준비 중이야. 모든 건 금방 정리될 거고. 나랑 결혼해 줄래?"

그 순간을 떠올리자 웃음이 나왔다. 고대하던 순간이었다. 인○타그램에 프러포즈 사진을 못 올리는 건 아쉽지만 그딴건 나중에 언제든지 다시 하면 된다. 수재가 가정을 모두 정리하고 난 뒤에, 위자료를 충분히 받아 낸 후에 말이다. 그 전에 소문이 나면 이혼만 어려워진다. 세라는 수재를 부드럽게 흔들었다.

"교수님, 일어나세요. 이제 씻고 가셔야죠. 아홉 시까지 출근하려면 저희 지금 나가야 해요."

주말 내내 오던 비는 여전히 내리고 있었다. 수재는 세라의 머리 위로 재킷을 씌워 주었다. 주차장까지 뛰는 동안 둘은 대학생이 된 것처럼 깔깔대고 웃었다. 이제 행복한 꽃길만

펼쳐질 예정이다. 차에 타기 전, 세라와 수재는 눈을 마주치
며 다시 웃었다. 같은 미래를 꿈꾸고 계획하는 사람들의 은
밀한 미소였다. 수재가 차문을 열었다. 불쾌하고 비릿한, 지
독하게 부패한 냄새가 순식간에 퍼져 나갔다. 빗소리가 사라
지고 오로지 자신의 심장이 뛰는 소리와 불길한 냄새만이 감
각을 지배했다. 수재가 트렁크를 연 순간, 세라는 눈을 감았
다. 자신이 본 장면이 환상이길 바랐다. 눈을 다시 떴을 때,
현실은 더 지독했다.

　자신과 가까운 사람의 시체를 본 것은 두 번째였다.
　첫 번째는 아빠였다. 간경화로 쓰러졌다는 소식을 들은 날,
세라는 일찍 퇴근하고 병실을 찾았다. 매일 술을 마시니 당
연한 일이었다. 소식을 들은 세호가 뒤늦게 육 인용 병실로
달려왔다.
　"아버지! 아버지는? 괜찮아요? 엄마, 저 왔어요. 이제 걱정
마세요."
　거칠게 숨을 몰아쉬는 세호의 드라마틱한 모습에 세라는
어처구니가 없었다.
　'지가 오면 뭐 달라져? 돈이라도 싸 들고 왔나?'
　"세라야, 여긴 오빠한테 맡기고 넌 수술 준비해라. 엄마한
테 얘기 들었다."

세호는 세라를 돌아보며 말했다. 집에서 헤드폰을 끼고 게임 할 때는 듣지 못한 근엄한 목소리였다.

"오빠, 나가서 얘기 좀 해."

세호와 병원 복도에 앉은 세라는 속이 부글부글 끓었다. 어디서 무슨 얘기를 듣고 왔는지 몰라도 세호는 세라가 장섭에게 간 이식을 할 거라고 굳게 믿고 있었다.

"엄마가 그러던데. 세라, 네가 공여자가 될 수 있다고. 여자만 줄 수 있어서 공여자 아니야? 나도 되면 당장 아버지 드리지. 근데 난 남자잖아."

세라가 참지 못하고 성질을 벌컥 냈다.

"아, 진짜 이 무식한 새끼! 공여자가 그 공여인 줄 알아?"

세라는 가능한 쉬운 단어를 골랐다.

"그러니까 증정이랑 같은 뜻이야. 증여, 공짜, 이런 거라고."

"근데 왜 엄마는 너한테만 검사해 보라고 해?"

세라는 한숨을 푹 쉬었다.

"혈액형 적합성이라는 게 있어. B형은 A형한테 수혈 못 받아."

"그러니까…… 혈액형이 같아야 한다는 거지? 나랑 엄마는 A형이고 너랑 아빠는 B형이니까 너만 된다는 거고."

"그게 아니라 B형은 A항원에 대한 항체가 있어서…… 됐다. 설명해서 뭐 하냐. 암튼 그런 게 있어."

"그럼 당장 검사해. 이 미친년이 왜 뻐팅기고 지랄이야? 너 때문에 아빠 돌아가시면 넌 내 손에 죽는다, 진짜."

세호의 평소 경박한 말투가 튀어나왔다. 세라는 입을 다물었다. 머릿속이 복잡했다. 당연히 아빠를 사랑한다. 장섭이 죽으면 슬플 것이다. 하지만 아빠의 경제적 가치를 묻는다면 간단히 말해 제로다. 평생 일용직 노동자로 살아온 아빠는 칠 년 전부터 일을 그만두었다. 장섭은 기초 생활 수급자로 받는 돈이나 먼지 마셔 가며 버는 돈이나 비슷한데 뭐하러 고생하냐고 말했다. 시간이 많아진 장섭은 하루 종일 술을 마셨다. 급성 간경화는 스스로 자초한 결과다.

거기다 세라는 다음 달에 수술도 잡혀 있었다. 지금 만나는 남자 중 하나인 성형 수술 전문의가 공짜로 가슴 수술을 해 주기로 약속했다. 공여자가 되면 성형 수술은 물 건너간다. 무엇보다 생체 기증을 하고 나면 이전의 생활로는 돌아가기 어렵다. 일단 평생 면역 억제제를 복용해야 한다. 오랫동안 음주는 물론이고 야근, 임신 등 몸에 무리가 가는 일은 힘들 수도 있다. 의사들은 공여자의 후유증에 대해서는 자세히 알려 주지 않았다.

세라는 마음이 급했다. 스물여섯, 적어도 스물일곱에는 결혼하려던 계획이 점점 미뤄진 채 스물여덟이 되었다. 적어도 올해 남자를 만나 내년에는 결혼을 꼭 해야 했다. 나이를 무기로 결혼하기에 서른이라는 숫자는 치명적이다. 젊고 예쁜 여자와 예쁘고 능력 있는 여자 중 후자는 언제나 패자다. 어차피 가난한 집안이니 결혼할 때 알코올 의존자 아빠는 없는 편이 나았다. 그리고 결혼 비용을 생각하면 더욱더. 오 년간의 직장 생활을 하며 저축은커녕 쌓인 카드 빚만 천만 원에 달했다. 덕분에 '엄친딸'이라는 명성은 얻었지만, 아무리 돈 많은 남자라고 해도 결혼할 때 빈손으로 간다면 정나미가 떨어질 것이다.

세라는 주변에서 그런 케이스를 수도 없이 봤다. 돈이라는 건 달처럼 빛나고 차가워서 심장을 터지게 했던 사랑도 순식간에 얼려 버린다. 대부분의 사람은 돈에 대해서 거짓말을 한다. 돈을 안 좋아한다, 중요하지 않다 실컷 떠들어 놓고는 결정적 순간에는 돈을 선택한다. 무엇보다 매일 술을 마시고 간을 저 지경으로 만든 이도 아빠다. 그런데 왜 미래가 창창한 내가 희생해야 하는가? 세라는 결심했다. 이 순간 이후로 우리집의 가장은 나다. 왜냐하면 우리 가족의, 내 운명을 바꿀 가장 중요한 결정을 내릴 거니까.

"오빠, 돈 있어?"

세호는 커다란 눈을 멍청하게 굴렸다.

"뭐? 내가 돈이 어딨냐? 왜? 간 이식, 그거 수술비 많이 드냐?"

　세호는 도톰한 입술을 헤벌렸다. 세라와 꼭 닮은, 곱상한 얼굴의 세호는 학창 시절부터 인기가 많았지만 지금까지 결혼을 못 한 건 돈 때문이다. 좁아터진 주공 아파트에서 알코올 의존 시부모님을 모시며 궁상스럽게 살고 싶어 하는 여자는 없다.

　"오빠, 잘 들어 봐. 지금 아빠 수술비만 해도 천만 원은 기본이야. 그거 다 빚이라고. 근데 수술하고 나면 나까지 몇 년은 쉬어야 해. 집에 돈 버는 사람이 없어진다고. 그럼 오빠가 다 갚아야 하는데 자신 있어?"

　세호의 얼굴에서 비장한 기색이 사라졌다. 세라는 기세를 놓치지 않고 몰아붙였다.

　"내가 삼 년 쉰다 치자, 재취업 된다는 보장은 있어? 오빠도 알지? 대학병원 일자리 경쟁이 얼마나 치열한지."

　세호가 고집스럽게 입술을 내밀었다.

　"우리 엄마 아빠 노후 준비 안 되어 있지, 나 취업 안 되지, 그럼 오빠가 평생 우리 네 가족 부양해야 하는데 그거 생각해 봤어?"

　"그래서 어쩌자는 거야? 그럼 아빠 돌아가시게 냅두자는 거야? 그까짓 돈 때문에?"

　"그까짓 돈? 오빠 왜 결혼도 못 하고 빌빌대고 살아? 돈 없어서 그런 거 아니야? 돈보다, 아니 돈 말고 중요한 게 있어? 세상에 돈 문제 아닌 게 있냐고!"

멍청하기 짝이 없는 말에 짜증이 솟구친 세라는 결국 언성을 높였다. 세호도 지지 않고 콧김을 거세게 내뿜었다. 잠시 후 세라는 달래듯이 은근하게 말했다.

"오빠, 아빠가 질병 보험은 없어도 다른 건 있어. 기억 안나?"

세호가 무언가 떠오른 듯 침을 꿀꺽 삼켰다.

"그래, 고모 보험 회사서 일할 때 엄마 몰래 아빠 생명 보험 가입시켜서 엄마랑 대판 싸우고 난리 났잖아. 그거 아직 납부 중이야. 삼 년 전부터 내가 내고 있어서 알아."

음모라도 꾸미는 것처럼 세호가 목소리를 한껏 낮췄다.

"그거 얼마나 나오는데?"

"이 억."

세라는 세호의 눈동자에 스치는 기쁨의 빛을 똑똑히 보았다.

세라는 입을 다물었다. 머릿속이 복잡했다. 수재도 세라도 망연자실하게 준영을 응시했다. 눈꺼풀을 뒤집고 맥을 잴 필요도 없다. 사람이 죽으면 한두 시간 내에 부패가 시작된다. 그러니 푹푹 찌는 날씨에 최소 사흘을 방치되어 있던 시체

상태는 말할 것도 없이 메스꺼웠다.

몹시 푹신해 보이는, 새하얀 매트리스 위에는 체액이 흘러나와 있었다. 세라는 충격이 가시자 슬픔 같은 건 느껴지지도 않았다. 준영이 왜 죽었는지는 모르지만, 확실히 사고다. 문제는 경찰에 신고한다면 조사 과정에서 자신과 준영의 관계가 밝혀진다는 것이다. 그럼 수재와의 결혼은 영영 물 건너갈 것이다.

거기서 끝이 아니다. 수재와의 불륜이 밝혀지면 병원은 그만둬야 한다. 이 바닥은 좁다. 재취업도 쉽지 않겠지만 불륜녀, 꽃뱀, 걸레라는 평판은 아주 오래도록 따라붙을 것이다. 의사와 결혼하겠다는 인생 목표 자체가 어그러질 판이다. 세라는 침착하게 수재의 표정을 분석했다. 수재는 믿기지 않는다는 듯 멍하니 준영의 시체를 응시하고 있었다. 지금 이 상황에서는 내가 결정을 내려야 한다. 세라는 단호한 목소리로 말했다.

"묻죠. 멀리 갈 것도 없이 여기가 산이잖아요. 우리가 여기 온 건 아무도 모르고."

세라는 수재의 눈동자에 스치는 빛을 똑똑히 보았다.

"경장님, 국과수 이차 결과 나왔습니다. 피해자의 정확한 사인은 약물 복용 및 알레르기 반응입니다. 머리에 둔기로 맞은 상처가 있긴 한데 예상했다시피 별건 아니고요. 치명적인 건 알레르기 반응입니다. 일단 손을 보면 한 번 반응이 나타났다 가라앉았고 다시 이차 반응이 있었는데 혈액에서 로○제팜이 검출됐어요. 약물을 복용한 상태에서 알레르기 반응이 일어나 아나필락시스 쇼크를 일으킨 게 치명적 요인이 됐습니다. 지금은 로○제팜 복용 경로를 추적 중입니다."

범인은 같은 병원에서 일하는 여자와 남자였다. 둘은 유난히 수상했다. 참고인 조사를 위해 허준영 이름만 꺼냈는데도 허옇게 질렸다. 같은 날 지각한 것도 이상한 일이다. 게다가 비슷한 시간에. 모든 퍼즐이 소리를 내며 맞춰졌다. 의사와 내연녀, 허준영을 죽일 수 있는 것도 동기가 있는 것도 둘이다. 남녀 관계라는 게 그렇고 그런 법이니까.

모든 정황은 확실했다. 오세라는 박수재에게 로○제팜을 처방받았다. 수면제지만 강간 약물로도 사용하는 약이다. 허준영이 복용한 그 약물이었다. 그리고 박수재의 차량에서는 허준영 DNA는 물론 범행 현장 흔적도 검출됐다. 둘이 싸운 걸 본 증인도 있다. 결정적으로, 사망한 허준영의 스마트폰은 오세라에게 있었다.

상철은 상쾌한 기분으로 긴급 체포 영장을 신청하기 위해 일어섰다. 이토록 빠르고 명쾌한 사건 해결도 오랜만이다. 묘하게 걸리는 게 있긴 했다. 사망 확인을 위해 남자의 부모와 누나를 불렀었다. 마침 참고인 조사를 위해 왔던 유진이 돌아가는 참이었다. 대기실에서 준선과 마주친 유진은 살짝 목례했다. 그런데 준영의 부모는 유진을 쳐다보지도 않았다. 마치 모르는 사람처럼 스쳐 지나갔다.

'아들의 마지막 여자 친구인데, 그것도 결혼까지 생각한. 그렇게 냉정하게 대할 일인가?'

특별 진급을 생각하자 사소한 것 따윈 신경쓰이지 않았다.

'하긴, 내가 부자들 마음을 어떻게 알겠어. 죽은 남자만 불쌍하지. 그래서 여자를 조심해야 하는데.'

유진은 여자를 바라보았다. 준영과 달리 수수한 모습의 여자는 지친 기색이 역력했다. 유진은 고개를 깊숙이 숙였다.

"준영 씨 누나 분 되시죠? 제가 강유진입니다."

여자는 고개를 작게 끄덕였다. 유진은 자신의 제안이 마음에 들길 바라면서 입을 뗐다. 오늘 하루 준영의 흔적을 쫓으며 알게 된 사실이다.

"안 좋은 소식이지만 전해 드릴 얘기가 있어서요. 아무래도 우신대학병원에서 일하는 임상병리사 오세라 씨가 박 교수님과 불륜 관계인 것 같습니다."

준선이 작게 움찔했다. 놀란 모습은 아니었다.

"오세라 씨가 준영 씨와도……. 관계가 있더군요. 그렇다고 제가 준영 씨 가족분들을 속인 게 이해되는 건 아니겠지만요."

준선은 유진을 바라보았다. 동요가 없는 눈빛이었다.

"아시겠지만, 저희 아버지가 로펌을 운영하세요. 이혼을 고려하신다면 제가 많이 도와 드릴 수 있습니다. 양육권부터 재산 분할까지 허준선 씨께 유리하도록요. 오세라 씨와 준영 씨의 관계 증거도 있고요. 그러니⋯⋯."

유진은 머뭇거렸다. 잠시 무언가 생각한 준선은 결심한 듯 입을 열었다.

"강유진 씨, 얼굴 잘 기억해 둘게요."

준선은 자리에서 일어서며 말했다.

"우린 지난주에 만난 거예요. 가족 식사 자리에서요."

금요일

세라는 유니폼 단추를 잠갔다. 아무도 없는 임상병리실에서 준영과 짧은 섹스를 마친 뒤였다. 아무 일 없었다는 듯 옷을 갖춰 입은 준영은 세라에게 손을 내밀었다.

"세라 쌤, 약 가져왔지?"

세라는 태연한 얼굴로 준영에게 약 봉지를 건넸다.

'이 인간은 내가 두 달 전부터 박수재에게 약을 타서 주고 있다는 사실을 알면 어떤 표정을 지을까?'

하지만 오늘 준영을 만난 건 섹스나 약을 주는 것보다 더 중요한 목적이 있다. 섹스하기 전, 세라는 준영의 유니폼 주머니에 든 장갑을 슬쩍 바꿨다. 그리고 나가려는 준영을 붙잡았다.

"준영 씨, 혹시 이것 좀 봐 줄 수 있어? 조직 검사 결과인데 애매한 게 있어서."

세라는 준영을 잘 알았다. 의사에 열등감이 심한 준영은 의학 지식을 자랑할 수 있는 기회를 놓치지 않을 것이다. 예상대로 준영은 눈을 빛내며 곧바로 장갑을 꺼내 착용했다. 오분도 채 지나지 않아 준영은 욕을 뱉으며 장갑을 벗어 던졌다. 손 상태는 생각보다 심각했다. 준영은 붉게 부푼 손을 벅벅 긁었다. 미친 듯이 재채기를 하고 콧물을 흘렸다. 한바탕 진정이 되자 준영은 여전히 눈물이 맺힌 눈으로 장갑을 쳐다보았다.

"누가 라텍스 장갑을 넣었나? 일부러?"

"설마, 실수겠지. 그런데 손 좀 봐. 이거 다 벗겨져서 어떡해?"

"에피네프린 맞으면 괜찮아. 지금 맞을 수 있는지 연락 좀 해야겠어."

준영은 스마트폰을 꺼내 화면을 터치했다. 하지만 지문 인식이 제대로 작동하지 않자 짜증을 내며 세라에게 스마트폰을 건넸다.

"세라 쌤, 나 이것 좀 열어 줘. 패턴은 기역 모양이고 설정에서 화면 잠금 변경해 줘. 보안 기능 없이 드래그로 열리게. 당분간 전화만 간신히 받을 수 있겠네."

세라는 설정을 푸는 척하며 재빨리 전화번호부를 열었다. 매형, 역시 박수재의 전화번호다. 세라는 누나라고 저장된 연락처를 외운 뒤 설정을 풀고 준영에게 건넸다. 예감이 좋다.

모든 게 계획대로 맞아떨어지는 중이다. 수재가 자신과의 불장난에서 정신을 차리기 전에 한 방을 날릴 때가 됐다. 빼도 박도 못하는 한 방을. 수재의 자는 사진을 준선에게 보내면 준영의 집안은 쑥대밭이 되겠지. 세라는 준영을 보며 화사하게 웃었다.

◊

현관문을 연 제이는 말문이 막혔다. 준영이 상체를 다 가릴 정도로 커다란 꽃다발을 들고 서 있었다.

"준영 씨? 여기 어쩐 일이에요?"

"꽃 배달 왔죠. 이것 좀 받아 주세요."

준영은 뻔뻔하게 말하더니 씩 웃었다. 당황한 제이는 꽃다발을 받아들었다. 그사이 준영은 자연스럽게 집에 들어와 소파에 앉았다. 제이는 초조하게 유진에게 연락했지만 전화를 받지 않았다. 와인을 마시고 가겠다는 준영의 고집에 제이는 마음을 바꿨다. 차라리 잘된 일이다. 자신이 거절할 필요도 없다. 유진을 보면 준영도 진상을 알게 될 것이다. 모른다 해도 유진의 입으로 거절하게 하는 편이 나았다. 골치 아프던 문제가 해결된다고 생각하자 마음이 가벼워졌다.

준영이 떠드는 말에 적당히 고개를 끄덕이며 생각에 잠긴 제이의 귓가에 갑자기 뜨거운 바람이 느껴졌다. 맞은편에 앉았던 준영이 어느새 자신의 바로 옆에 다가와 있었다.

"지금 뭐하는……?"

제이의 다음 말은 준영의 입에 막혀 나오지 못했다. 뿌리치고 일어서려고 했지만, 준영은 간단히 한 손으로 제이의 손목을 잡고 다른 한 손으로는 입고 있던 트레이닝 팬츠를 잡아챘다. 헐렁한 고무줄 바지는 힘없이 발목으로 끌려 내려갔다. 공포와 충격으로 패닉 상태에 빠진 제이는 자신이 울고 있다는 것조차 알지 못했다. 그때 누군가 와인 병을 들어 준영의 머리를 내리쳤다. 유진이었다.

유진은 오피스텔 로비에 서서 엘리베이터 버튼을 눌렀다. 주머니에서 스마트폰을 꺼내 보니 전원이 나가 있었다. 오늘은 정신없이 바빠 스마트폰을 확인할 생각조차 하지 못했다. 엘리베이터에 몸을 싣고 올라가는 동안 유진은 준영에 관해 생각했다. 오늘 아침, 제이는 준영과 만난 지 삼 개월이 다 되었다고 말했다.

　"약속한 날짜 채웠으니 이제 정리하려고."

　유진이 고개를 끄덕였다.

　"내가 할 수 있는 건 여기까지야. 너희 엄마한테 얘기하는 건 네가 해야 해."

　그래야 한다는 건 자신도 안다. 엄마는 어떤 표정을 지을까. 유진은 눈을 감았다. 1302호 도어록을 누르고 문을 연 유진은 눈을 크게 떴다. 소파에는 제이가 처음 본 남자 아래에 깔려 있었다. 뒤를 돌아본 남자의 놀란 표정, 엉망이 된 제이의 얼굴, 붙잡힌 손목, 발목에 걸쳐진 바지, 테이블 위에 놓인 와인. 유진은 순식간에 상황을 파악했다. 그리고 집안으로 달려들어 여전히 어리둥절하고 있는 남자의 머리를 와인 병으로 힘껏 내리쳤다. 반쯤 남은 와인이 왈칵 쏟아져 하얀 카펫 위를 붉게 적셨다.

유진과 제이, 그리고 준영은 서로를 노려보며 호흡을 골랐다. 가장 먼저 입을 연 사람은 유진이었다.

"당신 이게 뭐하는 짓이야?!"

머리를 어루만지던 준영도 소리를 질렀다.

"그러는 당신은 누구야?!"

유진이 머뭇거리자 제이가 얼굴을 닦고 날카롭게 말했다.

"강유진. 당신이 원래 만나기로 한 여자가 이 사람이야. 그러니까 처음부터 시작하지 말자고 했잖아. 이 미친 새끼야."

말을 마친 제이는 방문을 쾅 닫고 들어갔다. 유진이 안타깝게 제이의 이름을 부르자 준영이 눈치 빠르게 외쳤다.

"뭐야, 이거……. 혹시 당신들 레즈비언이야? 이런 씨발, 어쩐지 좆같이 굴더라. 이거 완전 사기 결혼 아니야?!"

"이봐요, 허준영 씨. 강간으로 신고하기 전에 말조심하시지. 누가 당신이랑 결혼한대?!"

"해 봐. 난 폭행과 사기로 신고할 테니까. 누가 이기나 해 보자고!"

십여 분간 유진과 준영의 고성이 오간 끝에 준영은 붉어진 얼굴로 벌떡 일어섰다.

"그래, 한번 끝장을 보자고. 딸내미 이러고 살고 있는 거 알면 부모가 퍽이나 좋아하시겠네."

엄마의 얼굴이 떠오르자 유진은 자신도 모르게 손을 뻗어 준영의 팔을 잡았다.

"잠깐, 얘기 좀 해요. 이게 집안 문제까지 갈 일이에요?"

유진의 당황하는 모습을 본 준영은 위협적으로 웃었다.

"그럼, 갈 일이지. 우리집이 개좆같이 보여?"

팔을 뿌리치고 현관문을 여는 준영의 주머니에 삐죽 나온 스마트폰이 보였다. 유진은 자신도 모르게 준영의 스마트폰에 손을 뻗었다.

준영은 씨근덕대며 엘리베이터에 올라탔다. 방금 있었던 상황이 도저히 이해가 가지 않았다. 갑작스러운 방문에 유진은 생각보다 더 놀란 표정을 짓더니 당황한 듯 말을 잇지 못하는 상태로 스마트폰을 들어 어딘가 연락했다. 자신은 안중에도 없는 표정이었다.

"준영 씨, 오늘은 그만 돌아가 주세요."

말도 안 되는 소리다. 오늘은 결혼 승낙까지 반드시 받아 내야 했다. 준영은 쇼핑백에서 와인을 꺼냈다.

"유진 씨, 오늘은 제가 꼭 할말이 있어요. 이것만 같이 마시면 정말, 더이상 귀찮게 하지 않겠습니다."

준영은 팔자 눈썹을 하고 미소를 띠며 말했다. 여자에게 전혀 위협을 주지 않는, 준영이 거울을 보며 열심히 연습한 표정이다. 잠시 생각하던 유진은 무언가 결심한 듯 말했다.

"그래요. 어차피 오늘은 저도 드릴 얘기가 있었어요."

여느 때와 달리 자신의 말에 얌전히 고개만 끄덕이는 유진을 보고 준영은 때가 됐다고 생각했다. 키스하자 일어서려는 유진을 억지로 눕혔다. 어떤 여자들은 처음에는 약간의 무력을 쓸 필요가 있다. 특히 보수적이고 수줍음이 많은 여자라면. 그때 갑자기 머리에 강렬한 통증이 느껴졌다. 그리고 느닷없이 나타난 여자가 자신이 진짜 유진이라고 밝혔다. 자신과 자신의 집안을 기만한 여자에 대한 분노가 뜨겁게 치솟았다.

'이 씨발 년들. 어떻게 요절을 내지.'

준영은 때마침 위에서 내려오는 엘리베이터에 올라탔다. 엘리베이터에는 유아차를 끄는 여자가 타고 있었다. 엘리베이터 문이 다시 열리고 자연스럽게 걸어나온 준영은 유아차를 끈 여자가 자신을 스쳐 지나가는 순간 깨달았다. 머리의 통증과 복수할 생각에 몰두한 나머지 로비 버튼을 누르지 않았다는 것, 그리고 차를 밖에 세웠다는 것을. 뒤를 돌아봤지만 엘리베이터는 위로 올라간 후였다.

'재수 옴 붙었네.'

바닥에 침을 뱉은 준영은 지하 주차장의 출구를 향해 걷기 시작했다.

도망가자. 도망치는 거다. 준영이 따라올 수 없는 곳으로. 제이는 떨리는 손을 꽉 쥐었다. 몸의 떨림이 가라앉지 않았다. 남자의 완력을 실감한 일은 처음이다. 남자에게 성적 위협 비슷한 것도 당해 본 적이 없었다. 그래서 우습게 봤었다. 준영은 호주의 서핑을 즐기는 서양 남자들과는 체격이 전혀 달랐다. 오히려 자신과 비슷했다. 어쩌면 자신은 준영을 남자라고 생각해 본 적이 없는지도 몰랐다. 그래서 오늘 준영이 퀵 기사를 가장하고 들이닥쳤을 때, 놀라긴 했지만 순순히 집에 들였다. 평소처럼 브래지어를 하지 않고 가벼운 슬리브리스만 입고 있었지만 그게 이상하다는 것도 몰랐다. 준영이 힐끔거리며 가슴을 쳐다보는 것도 의식하지 못했다.

제이는 붙박이 옷장에서 패브릭 캐리어를 꺼냈다. 지퍼를 열면 4단까지 확장이 되어 해외 이민이나 이사용으로 쓰이는 캐리어다. 짐을 정리할 겨를도 없이 액체류만 제외하고 대충 쑤셔 넣었다. 지금 당장 인천공항으로 가서 내일 새벽 가장 일찍 뜨는 비행기를 타면 된다. 그 정도의 돈은 충분히 있었다. 한국에 사는 동안 유진은 매달 생활비로 쓰라며 자신의 월급을 고스란히 주었다.

제이는 짐을 꾸리는 와중에도 누가 들이닥치진 않을지 귀를 기울였다. 부자에 대한 막연한 동경만큼 이유 없는 두려움도 컸다. 한국 드라마에서 돈으로 해결되지 않는 일은 없었다. 준영을 농락하고 유진을 꼬셨다는 것을 알면 양쪽 부모가 힘을 합쳐 자신을 한국 감옥에 처넣을지도 모른다.

최대한 늘린 캐리어는 사람 하나가 들어가 있다고 해도 믿을 정도로 크고 무거웠다. 제이는 힘겹게 캐리어를 끌고 방문을 열었다. 책상 위에 스마트폰을 두고 가는 것도 잊지 않았다. 한국을 떠나면서 자신을 추적할 만한 물건은 모두 없애야 했다. 하나만 빼고. 제이는 자동차 스마트키를 주머니에 넣었다. 이만한 가방이 들어가는 택시는 찾기 힘들다. 제이는 방문을 열었다. 유진은 침착한 표정으로 생각에 잠겨 있었다. 아마 해결 방법을 찾고 있을 것이다. 늘 그랬듯이. 제이는 캐리어를 끌고 현관문으로 향했다. 유진은 그제야 놀란 표정으로 고개를 들었다.

"이게…… 뭐야? 지금 날 떠나는 거야? 그 남자 때문에?"

유진의 표정을 보자 가슴이 아팠다. 제이는 마음을 굳게 먹었다. 유진은 돈이 많지만, 자신은 아니다. 준영의 행동으로 보아 유진이라고 해도 이 문제를 쉽게 해결하긴 어려울 것 같았다. 제이는 유진의 죄책감을 자극할 수 있는 단어를 골랐다.

"유진, 난 강간당할 뻔했어. 너 때문에."

미안해, 유진. 널 사랑하지만, 내 인생을 여기서 망칠 수는 없어. 제이는 대타로 나선 것이 애당초 스스로 제안했다는 사실도 까맣게 잊었다. 유진이 고개를 푹 숙였다.

"난 한국에 가족도 없고 직업도 없어. 너만 믿고 왔는데, 지금 내가 불안해서 여기 어떻게 있겠어? 차는 인천공항 주차장에서 찾아가. 폰은 두고 가니까 연락은 안 될 거야."

제이는 망설임 없이 현관문을 열었다. 도어록이 해제되는 소리를 들으며 제이는 마지막 인사를 남겼다.

"잘 있어, 유진."

◊

갤○시 스마트폰을 손에 쥔 유진은 고민에 빠졌다. 특별한
계획이 있어서 준영의 스마트폰을 훔친 건 아니었다. 그저
지금 당장 준영이 누군가에게 연락하는 것을 막아야 한다는
생각뿐이었다. 이 상황을 수습할 시간이 필요했다. 제이의
방문이 열렸다. 한국에 올 때 샀던 커다란 캐리어가 보였다.

"유진, 난 강간당할 뻔했어. 너 때문에."

유진은 아무런 말이 나오지 않았다. 심한 죄책감이 전신을
무력하게 만들었다. 현관문 너머로 엘리베이터 도착 음이 들
렸다. 충격을 받지는 않았다. 제이가 언제든 떠날 거란 걸 자
신은 이미 알고 있었는지도 모른다. 체념에 가까운 조용한
슬픔이 온몸을 덮쳤다. 자신은 아마 처음부터 알았을 것이
다.

시드니에서 연인이 된 지 얼마 되지 않아 제이는 유진의 집
으로 들어왔다. 사람들에게는 플랫 쉐어라고 말했지만, 월세
는 물론 생활비도 모두 유진이 부담했다. 제이와 사귄 이후
로 연락이 뜸해진 클로이가 집에 찾아온 날이었다.

"클로이! 제이는 아직 안 들어왔어. 맥주 한 병 줄까?"

클로이는 걱정스러운 표정이었다.

"아니야. 지나가는 길에 들른 거야. 제이가 오기 전에 얘기하고 싶어서."

클로이는 평소 성격답지 않게 주저하며 입을 뗐다.

"저기, 오해하지 않았으면 좋겠어. 제이는 내 친구지만 유진 너도 내 소중한 친구야."

"클로이? 무슨 일 있어? 혹시 제이랑 싸우기라도 한 거야?"

"유진, 내 친구긴 하지만, 제이는 너무 가까이 두지 마. 제이는……."

유진은 살짝 눈썹을 치켜떴다.

"게이라고? 알아. 나도 그래."

클로이는 한숨을 폭 쉬었다.

"유진! 내가 게이라서 그런다고 생각해? 그 얘기가 아니야. 제이는 골드 디거야! 돈 많은 여자만 노리는!"

정신이 아득해졌다. 가슴까지 시원해지는 미소, 다정하게 얽혀 오는 손가락, 실크처럼 매끄러운 목소리…… 유리처럼 반짝이고 아름다운 제이. 유진은 캄캄한 유리 집을 헤매는 심정으로 대답했다.

"괜찮아. 제이에게 줄 돈은 있으니까."

유진은 계속 말을 하려는 클로이를 단호하게 막았다.

"그리고 돈 문제가 아니라면, 그거야말로 연인 사이에서 해결할 일이야. 그만 가 줘, 클로이."

"……잘 있어, 유진."

그것이 클로이와의 마지막 대화였다.

준영은 은색 BOW 운전석을 열고 올라탔다. 유진에 대한 분노가 사그라들지 않았다. 아니, 오히려 점점 더 커져 갔다.

'개같은 년들, 감히 날 갖고 놀아?'

준영은 이를 악물었다. 여자, 여자가 필요했다. 자신이 마음 대로 할 수 있는 여자. 지금 이 모멸감을 잊게 해 줄 여자. 준영은 무시했던 소희의 메시지가 떠올랐다.

[준영 씨, 오늘 꼭 할말이 있어. 늦어도 상관없으니 집으로 와.]

소희를 본 지도 오래되었다. 유진과의 관계를 굳히기 위해 서서히 거리를 두던 차였다. 스마트폰에서도 소희의 흔적을 모두 지웠다. 소희처럼 가진 것 없는 여자들은 오히려 벗은 사진을 무기로 결혼을 요구할지도 모른다. 헤어지려는 낌새를 눈치챘는지 소희는 전에 없이 자신에게 집착했다. 준영은 그럴수록 소희에게 정이 떨어졌다. 하지만 오늘 같은 날에 는 소희 같은 여자가 필요하다. 자신을 존경하고 자신의 말에 따르는 여자. 준영은 소희의 집으로 차를 돌렸다. 소희에 겐 연락할 필요도 없다. 언제 가서 벨을 눌러도 문을 열고 반

겨 주는 그런 여자니까. 준영은 익숙한 스타팰리스 빌라 앞
에 차를 대고 사 층으로 올라갔다.

소희는 벨 소리에 깜짝 놀라 일어났다. 소파에 앉아 있다 깜박 잠든 모양이었다. 소희는 준영의 목소리를 듣고 반은 설레고 반은 착잡한 마음으로 문을 열었다. 최근 석 달간 준영은 눈에 띄게 자신을 멀리했다. 일주일에 한 번 이상은 만나던 약속이 이 주에 한 번, 삼 주에 한 번으로 줄었고 최근에는 메시지에 답장조차 하지 않았다. 오늘은 준영이 온 이상, 어떻게든 결론을 낼 심산이었다. 현관문을 연 소희는 마음이 약해지기 전에 입을 열었다.

"준영 씨, 나랑 헤어지고 싶어?"

입을 작게 벌린 준영은 오묘한 표정이었다. 놀란 것 같기도, 아니면 화가 난 것 같기도 했다. 화가 난 준영은 위협적이었다. 때린 적은 없었지만, 소리를 지르고 물건을 던지기도 했다. 그때마다 '때리지는 않으니까.'라며 소희는 자신을 달랬다. 이 정도는 별것 아니라고. 원래 남자는 여자보다 감정을 격렬하게 표현하는 존재라고. 소희는 움츠러드는 용기를 끌어모았다.

"왜 말이 없어? 요새 연락도 안 되고……."

갑자기 울컥 눈물이 솟구쳤다.

'아, 이렇게 매달리려는 게 아니었는데.'

준영이 자신을 달래 주지 않자 점점 설움이 커졌다.

'정말로 마음이 떠났나? 이제 완전히 끝인가?'

소희는 자신이 쓸 수 있는 가장 마지막 패를 꺼냈다.

"나 임신했어."

현관문에 기댄 준영은 서늘한 표정으로 소희를 바라보고 있었다. 십 분 같던 일 분이 지났다. 준영은 씩 웃더니 말했다.

"소희야, 나 목이 타는데 물 한 잔만."

소희는 주방으로 향했다. 지금 꺼낸 말로 돌이킬 수 없는 결과가 일어날 것이라는 확신이 머리에 가득찼다. 준영이 저런 표정을 할 때는 잔인해진다. 소희는 준영이 준 오렌지색 알약을 물에 넣었다. 그리고 떨리는 손으로 약을 으깨며 녹기만을 기다렸다. 이 약을 먹고 나서 한 행동은 자고 일어나면 기억이 잘 나지 않았다. 혹시 수면제의 부작용은 아닌지 물어보았지만 준영은 괜찮다는 말뿐이었다. 소희는 준영이 집에 들어와 얘기하는 동안 잠이 들기를, 잠에서 깨고 나면 없던 일이 되기만을 간절히 바랐다.

'그런 말은 하는 게 아니었는데.'

소희의 마음이 후회로 가득찼다. 준영은 여전히 현관에 서 있었다.

'그래, 빨리 거짓말이었다고 말하자. 준영 씨를 너무 사랑해서, 너무 바라는 일이라 그랬다고.'

하지만 그 계획은 이뤄지지 않았다. 소희의 손에서 낚아채듯 물컵을 받아 들고 단번에 들이켠 준영은 그대로 소희를 향해 물컵을 던졌다. 물컵은 소희의 머리를 스치듯 지나 벽에 부딪혀 요란하게 파열했다. 준영은 한마디를 내뱉더니 몸을 돌려 문을 쾅 닫고 나갔다.

"나 정관 수술했어. 씨발 년아."

◊

　소희의 집을 나선 준영은 거칠게 시동을 걸었다.

　'오늘 무슨 날인가? 여자들이 단체로 미쳐서 개지랄들을 하네, 아주.'

　준영은 뻑뻑한 눈을 비볐다. 반 병 정도 마신 와인 탓인지 아니면 와인 병에 머리를 세게 맞은 탓인지 정신이 몽롱했다. 점점 취기가 올라오는 것 같았다. 집까지 가려면 십오 분 이상 더 운전해야 했다. 준영은 오 분 거리에 있는 부모님 집으로 방향을 틀었다. 어차피 자신을 기만한 유진과 그 집안에 어떻게 대가를 치르게 할 것인지 준성과 상의해야 했다. 병원 개업이 미뤄진다면 그것에 대한 피해 보상까지도. 준영은 준성에게 연락하기 위해 주머니를 뒤졌다. 하지만 아무리 찾아도 스마트폰이 보이지 않았다.

　아마도 유진의 집에서 난리를 피울 때 떨어트린 듯했다. 그렇다고 스마트폰을 찾으려고 유진의 집에 지금 돌아간다는 건 상상도 하기 싫은 일이다. 신호가 파란불로 바뀌고 액셀러레이터를 밟은 준영은 순간, 눈꺼풀이 무겁게 내려앉는 것을 느꼈다. 기시감이 들었다.

'이거 위험한데.'

그 순간 준영의 차가 요란한 소리를 내며 갓길로 미끄러졌다. 준영은 간신히 운전석 문을 열고 내렸다. 익숙한 풍경이 눈에 들어왔다. 부모님 집 아파트 단지 입구였다. 준영은 비틀거리는 걸음으로 집을 향해 한 걸음씩 내디뎠다. 그때 누군가 소리를 지르며 자신의 어깨를 붙잡았다. 누나, 준선이었다.

◊

준선은 벤○ 운전석에 올라탔다. 어느 정도 예상은 했지만, 아버지의 반응은 생각보다 더 무덤덤했다. 남자는 원래 바깥으로 돌기 마련이라는 말, 여자는 가정만 잘 지키면 된다는 말, 시간이 약이라는 말. 준선은 올 때보다 더 막막해진 마음으로 승원이를 맡기고 뛰쳐나왔다. 이 결혼을 주선한 아버지와 남동생에 대한 증오가 목구멍까지 올라왔다. 어디든지 떠나고 싶었지만 집 말고는 갈 곳이 없었다.

아파트 단지 입구를 나서던 중, 익숙한 인영이 비틀거리며 걸어오는 게 보였다. 준선은 눈을 크게 떴다. 동생 준영이 만취한 채 도로를 가로질러 오고 있었다. 심지어 횡단보도도 없는 곳이었다. 준선은 단지 입구에 차를 대충 세운 뒤 뛰어내려 준영의 어깨를 잡았다. 아까부터 주머니에서 스마트폰이 요란하게 울리고 있었지만 받을 겨를이 없었다. 자신을 바라보는 준영의 눈이 완전히 풀려 있었다. 술에 취한 것 같았다. 준선은 거칠게 준영의 팔을 잡아끌었다. 이대로 부모님 집에 데려다 놓을 생각이었다. 힘겹게 준영을 부축하며 걷는 걸음마다 피가 거꾸로 솟았다.

남동생의 뒤치다꺼리가 지겨워 도망치듯 결혼했다. 그런데 결혼 생활은 엉망이고 자신은 여전히 남동생의 사고 처리를 도맡고 있다. 심지어 남편은 동생 때문에 자신을 더 증오하고 있었다. 다시 주머니에서 스마트폰이 요란하게 울렸다. 확인하니 수재의 전화였다. 무시하려던 준선은 결국 전화를 받았다. 준선이 입을 떼기도 전에 짜증 난 목소리가 터져 나왔다.

"왜 이렇게 전화를 안 받아?! 오늘 학회 간다고 당신 차 필요하다고 했잖아! 도대체 이 시간에 어디서 뭘 하는 거야?"

준선은 속에서 끓어오르던 무언가가 툭 끊어졌다.

"학회? 그 잘난 학회 가는데 왜 꼭 내 차가 필요한데? 그 차 지금 우리 부모님 아파트 앞에 있으니까 직접 가져가든가!"

그대로 전화를 끊은 준선은 준영을 부축하는 대신 옆에 세워진 벤○의 트렁크를 열었다. 그리고 깔린 매트 위에 준영을 밀쳐 넣었고, 부드럽고 푹신한 매트는 준선의 손바닥 모양대로 푹 파였다. 준영은 트렁크 안으로 힘없이 구겨져 쓰러졌다.

'꼴 보기 싫은 것들.'

속으로 짓씹듯 말한 준선은 준영의 주머니에서 차 키를 꺼내 준영의 차를 찾았다. 다행히 준영의 B○W는 멀지 않은 곳에 내팽개쳐져 있었다. 집에서 전화를 걸었으니 수재는 십 분 안에 여기로 올 수 있을 것이다. 준영을 보면 부모님에게 연락하든 데려다주든 알아서 하겠지. 준선은 준영의 차에 올라 시동을 걸었다.

수재는 발걸음을 서둘렀다. 당연히 주차장에 있을 줄 알았던 벤○는 없었다. 집에는 준선도 아이도 없었다. 이상하다고 생각했지만 신경쓸 겨를이 없었다. 지금 세라가 약속 장소에서 기다리고 있었다. 장인의 아파트 단지 앞에 휑하니 주차되어 있는 벤○를 보고 수재는 짜증이 났다.

　'이 여자가 정신이 있는 거야, 없는 거야? 차를 이딴 식으로 세워 뒀다 누가 박기라도 하면 어쩌려고?'

　서둘러 운전석에 올라타 시동을 걸었다. 라디오를 틀자 주말 내내 비가 온다는 일기 예보가 나왔다. 수재는 뒤를 힐끗 돌아보았다. 비가 오면 차박은 어렵지만, 상관없다. 그럴 경우를 대비해 주변의 근사한 펜션도 알아 두었다.

　'아쉽지만 할 수 없지.'

　수재는 블루투스로 연결된 스마트폰을 통해 전화를 걸었다.

　"거기 홍 리버 펜션이죠? 오늘부터 삼박 예약되나요? 네……. 두 명이고요……."

　예약을 마친 수재는 창문을 열었다. 이혼 전에 불륜 증거를 남기면 안 된다. 블랙박스 칩이 고속도로에 떨어졌다.

어두운 밤길에 요란한 마찰음이 울렸다. 간신히 차를 세운 준선은 숨을 몰아쉬었다. 준영의 차가 손에 익지 않아 운전이 힘들었다. 다행히 블랙박스 칩은 미리 빼 두었다. 준영이 음주 운전을 했다는 것이 나중에라도 알려지는 것을 막기 위해서였다.

'분명히 도로에 뭐가 있는 것 같았는데.'

차에서 내린 준선은 어두운 길을 살폈다. 준영이 사는 약수동 주택가는 그림자 하나 없이 고요했다. 비가 내릴 모양인지 바람이 축축했다. 준선은 동생을 밀칠 때 손에 달라붙던 매트의 감촉을 떠올리고 몸을 부르르 떨었다. 중요한 걸 놓친 것 같았다. 떠올리려고 애쓰는 사이 무언가 발에 와 닿았다. 흠칫 놀라 내려다보니 잿빛 줄무늬 고양이였다. 사람 손을 탄 모양인지 애교스럽게 머리를 발에 비볐다. 준선은 어색하게 손가락으로 고양이의 귀를 살짝 만졌다. 고양이가 골골송을 냈다. 준선은 저도 모르게 미소를 지었다.

준선은 지금까지 고양이나 강아지를 제대로 만져 본 적이 없었다. 동생 때문이었다. 어릴 때부터 부모님은 신신당부했다.

"너 어디서 다른 집 개 예뻐하고 그러지 마라. 짐승 털 때문에 준영이 알레르기 심해지면 어쩌냐."

준선은 손을 뻗어 고양이의 등을 쓰다듬었다. 골골송이 더욱 커졌다.

'승원이도 좋아할 텐데.'

결혼한 지금도 동물을 못 키우는 까닭은 준영 때문이었다. 한집처럼 자주 오가는 사이에 털이 옮겨 다닐 것은 뻔하다는 이유에서였다. 바람 소리가 비명처럼 커졌다. 금방이라도 비가 퍼부을 것 같았다. 준선은 조금 망설이다 고양이를 두 손으로 조심스럽게 퍼내듯이 들었다. 왠지 이제는 키울 수 있을 것 같았다. 이유는 모르지만 정말 그럴 수 있을 것 같았다.

작가의 말

사람은 누구나 거짓말을 합니다. 공기처럼 무해하게 사라지는 것이 있는가 하면, 진흙처럼 달라붙어 얼룩을 남기는 것도 있습니다. 어쩌면 모르는 척하는 것도 거짓말의 일종일지 모릅니다.

진실과 거짓을 판가름해야 할 때, 우리는 대부분 답을 알고 있다고 생각합니다. 다만 불길한 마음을 억누르며 스스로를 합리화하고 실패의 징후를 무시하고 원하는 모습만 보려고 할 뿐이지요.

당연한 얘기지만, 숨기고 싶더라도 거짓말은 하지 않는 편이 낫고 마음이 아프더라도 진실은 빠르게 받아들일수록 좋습니다. 이런 단순한 사실을 배우는 데에 너무 많은 시간을 허비했습니다. 그래서 모든 사람이 거짓말하는 이야기를 꼭 써야 했는지도 모릅니다. 아이러니하게도 이야기란 결국 거짓말이지만요.

한겨울에 쓰기 시작한 이 글을 갈무리하는 지금, 우기에 가까운 날씨가 이어지고 있습니다. 비 냄새가 섞인 공기를 마시고 발자국이 남는 질은 땅을 걷는 동안, 하나의 거짓말이

비로소 끝난 것을 알았습니다.

한 권의 거짓말을 내도록 도와주신 분들과 거짓말이 이야기로 될 수 있게 힘이 되어 주신 분들, 무엇보다 이토록 긴 거짓말을 읽어 주신 분들에게 진심으로 감사의 마음을 전합니다.

머지않은 시간에,
또 다른, 더 근사한 거짓말로 만나기를 바랍니다.

2023년 한여름에
김세온

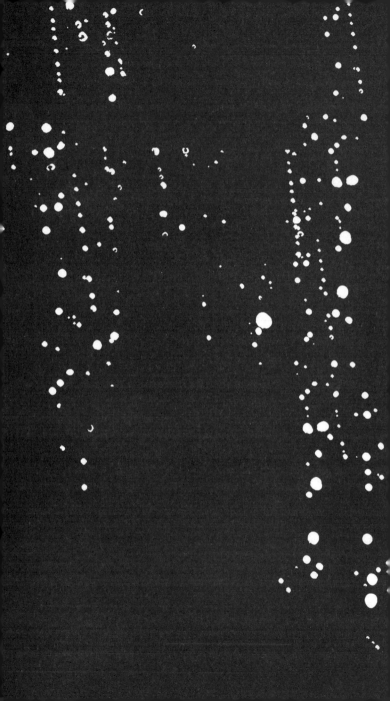